MIX
Papier aus verantwortungsvollen Quellen
Paper from responsible sources
FSC® C105338

Monika Meinhardt

Akkulturationsstrategien und kulturelle Identität der tschechischen Migranten in Deutschland

Kulturelle Unterschiede zwischen Tschechien und Deutschland

Diplomica Verlag GmbH

Meinhardt, Monika: Akkulturationsstrategien und kulturelle Identität der tschechischen Migranten in Deutschland: Kulturelle Unterschiede zwischen Tschechien und Deutschland. Hamburg, Diplomica Verlag GmbH 2013

Buch-ISBN: 978-3-8428-8218-8
PDF-eBook-ISBN: 978-3-8428-3218-3
Druck/Herstellung: Diplomica® Verlag GmbH, Hamburg, 2013

Bibliografische Information der Deutschen Nationalbibliothek:
Die Deutsche Nationalbibliothek verzeichnet diese Publikation in der Deutschen Nationalbibliografie; detaillierte bibliografische Daten sind im Internet über http://dnb.d-nb.de abrufbar.

Das Werk einschließlich aller seiner Teile ist urheberrechtlich geschützt. Jede Verwertung außerhalb der Grenzen des Urheberrechtsgesetzes ist ohne Zustimmung des Verlages unzulässig und strafbar. Dies gilt insbesondere für Vervielfältigungen, Übersetzungen, Mikroverfilmungen und die Einspeicherung und Bearbeitung in elektronischen Systemen.

Die Wiedergabe von Gebrauchsnamen, Handelsnamen, Warenbezeichnungen usw. in diesem Werk berechtigt auch ohne besondere Kennzeichnung nicht zu der Annahme, dass solche Namen im Sinne der Warenzeichen- und Markenschutz-Gesetzgebung als frei zu betrachten wären und daher von jedermann benutzt werden dürften.

Die Informationen in diesem Werk wurden mit Sorgfalt erarbeitet. Dennoch können Fehler nicht vollständig ausgeschlossen werden und die Diplomica Verlag GmbH, die Autoren oder Übersetzer übernehmen keine juristische Verantwortung oder irgendeine Haftung für evtl. verbliebene fehlerhafte Angaben und deren Folgen.

Alle Rechte vorbehalten

© Diplomica Verlag GmbH
Hermannstal 119k, 22119 Hamburg
http://www.diplomica-verlag.de, Hamburg 2013
Printed in Germany

Inhalt

Abkürzungsverzeichnis 3
Abbildungsverzeichnis 4
Tabellenverzeichnis 5

1. Einleitung 7
   1.1. Problemsituation 7
   1.2. Relevanz und Aufbau der Arbeit 9
   1.3. Fragestellung und methodische Herangehensweise 10
   1.4. Klärung relevanter Begriffe 12

2. Genese von Modellen zu Migration und Kultur 24
   2.1. Ursachen der Migration von Hochqualifizierten 24
   2.2. Migrationstheorie 29
      2.2.1. Klassische Migrationstheorien 29
      2.2.2. Neuere Migrationstheorie von Esser 32
   2.3. Entwicklung von Forschungsansätzen zur Akkulturation 35
      2.3.1. Dimensionen der Akkulturation 35
      2.3.2. Theorie- und Forschungsansätze von Akkulturation 36
      2.3.3. Akkulturationstheorie von Berry 37
      2.3.4. Empirische Befunde der bisherigen Forschung zum Modell von Berry 44
   2.4. Kultur und kulturelle Identität 46
      2.4.1. Kulturtypologie 47
      2.4.2. Kulturstandards 51
      2.4.3. Kulturelle Identität 56

3. Empirischer Teil – Das Interview 60
   3.1. Untersuchungsdesign 60
   3.2. Aufbau des Leitfadens 62
   3.3. Auswahl der Probanden 64
   3.4. Feldforschung 65
   3.5. Auswertungsverfahren 66

4. Analyse und Ergebnisse der Felduntersuchung	68
4.1. Charakterisierung der Hochqualifizierten tschechischer Herkunft	68
4.2. Herkunftsfamilien der Hochqualifizierten tschechischer Herkunft	71
4.3. Gründe für die Migration	73
4.4. Arbeitssituation der Befragten	78
4.5. Schwierigkeiten und Chancen in Deutschland von Hochqualifizierten tschechischer Herkunft	82
4.6. Kulturelle Identität und Verhalten von Hochqualifizierten tschechischer Herkunft	89
4.7. Zufriedenheit und Zukunftsperspektiven von Hochqualifizierten tschechischer Herkunft	98
4.8. Einordnung der Akkulturationsstrategien	100
5. Zusammenfassende Darstellung	113
6. Anhang	119
7. Literaturverzeichnis	123

Abkürzungsverzeichnis:

ČSSR	Československá socialistická republika (Tschechoslowakische sozialistische Republik)
EU	Europäische Union
EUROSTAT	Das statistische Amt der Europäischen Union
HRST	Human Resources in Science and Technology (Humanressourcen in Wissenschaft und Technologie)
IOM	International Organization for Migration (Internationale Organisation für Migration)
OECD	Organization for Economic Co-operation and Development (Organisation für wirtschaftliche Zusammenarbeit und Entwicklung)
UN	United Nations (Vereinte Nationen)

Abbildungsverzeichnis:

Abb. 1: Faktoren, Prozesse und Auswirkungen der internationalen Migration   25
Abb. 2: Schematisierte Modellvorstellung von Akkulturation   39
Abb. 3: Die Akkulturationsstrategien von J. W. Berry   41

Tabellenverzeichnis:

Tab. 1: Kulturdimensionen nach Hofstede für Tschechien und Deutschland	48
Tab. 2: Tschechische vs. deutsche Kulturstandards	52
Tab. 3: Sozialistische und kapitalistische Gesellschaft im Vergleich (Idealtypen)	54
Tab. 4: Soziodemographische Daten der Befragten	69
Tab. 5: Akkulturationsstrategien von befragten Hochqualifizierten tschechischer Herkunft	110

1. Einleitung

1.1. Problemsituation

In den letzten Jahrzehnten wird die grenzüberschreitende Mobilität hoch qualifizierter Arbeitskräfte für Wissenschaft, Technologie und Wirtschaft sowohl in Deutschland als auch weltweit unter verschiedenen Aspekten wie brain drain, brain gain, zirkulärer Migration oder – im Rahmen der Politik der Europäischen Union – bezüglich der Blue Card diskutiert. Die Nachfrage nach international mobilen, hoch qualifizierten Arbeitskräften zeigt in der globalisierten Wirtschaft steigende Tendenz. Die Industrieländer haben die Einwanderungspolitik als Instrument ihrer Wirtschafts- und Strukturpolitik entdeckt, mit dem sie sektorale Engpässe auf dem heimischen Arbeitsmarkt decken und technische und ökonomische Innovationen fördern wollen.

Inzwischen existieren in fast allen OECD-Ländern[1] spezielle Anwerbeprogramme, mit denen Hochqualifizierte aus aller Welt angezogen werden sollen. Für Deutschland ist die Zuwanderung von Hochqualifizierten zudem vor dem Hintergrund des demographischen Wandels und der Auswanderung von heimischen Fachkräften bedeutend. Neue Ideen und Impulse sind grundlegend für den wissenschaftlichen Bereich, sodass auch der Aspekt der Vernetzung und des Austausches von Ideen durch Migration nicht vernachlässigt werden darf.

Eine Konsequenz dieser Entwicklung ist, dass immer öfter Menschengruppen mit verschiedenen kulturellen Hintergründen in Kontakt miteinander kommen. Oft hat interkultureller Kontakt Veränderungen in der Kultur und Lebensweise einer oder mehrerer Gruppen zur Folge. Diese Veränderungen sind von Redfield, Linton und Herskovits[2] als Akkulturation bezeichnet worden.

Akkulturation stellt ein psychologisch und auch gesamtgesellschaftlich relevantes Thema dar, was sich in einer starken Zunahme von Forschungen über Akkulturation in den letzten Jahren äußert[3]. Dies hängt insbesondere mit Änderungen der politischen Bestrebungen der angesprochenen Gruppen innerhalb pluralistisch organisierter Gesellschaften sowie mit der wachsenden Anzahl von Flüchtlingen und Auswanderern zusammen.

---

[1] Die **Organisation für wirtschaftliche Zusammenarbeit und Entwicklung (OECD)** ist eine Internationale Organisation mit 30 Mitgliedsländern, die sich Demokratie und Marktwirtschaft verpflichtet fühlen. Die meisten OECD-Mitglieder gehören zu den Ländern mit hohem Pro-Kopf-Einkommen und gelten als entwickelte Länder.
[2] Vgl. Redfield/Linton/Herskovits, 1936, zit. nach Berry, John W.: Acculturation and Psychological Adaption, In: Bade, Klaus J. (Hrsg.): Migration – Ethnizität – Konflikt, Osnabrück 1996, S. 171.
[3] Siehe Kapitel 1.4. in dieser Arbeit

Die zentralen Fragestellungen der Akkulturationsforschung beziehen sich im ersten Schritt auf das Erleben und Verhalten der Migranten unter der Bedingung ihres Aufenthaltes in einem anderen als ihrem primären soziokulturellen Kontext.
Weitergehend wird untersucht, unter welchen Bedingungen spezifische Verlaufsformen der Akkulturation auftreten sowie welche Faktoren Einfluss auf den Akkulturationsprozess haben. Beim Eingliederungsprozess von Migranten in die Aufnahmegesellschaft sind durchaus verschiedene Ausgänge denkbar. Um diese Vorgänge zu strukturieren, weist Nauck[4] auf zwei einflussreiche und eng verwandte Typologien hin, erstens auf die Akkulturationsstrategien („Integration", „Assimilation", „Separation", „Marginalisierung") nach Berry und zweitens auf die Formen der Sozialintegration („Mehrfachintegration", „Assimilation", „Segmentation", „Marginalität") nach Esser. Die Integration bzw. Mehrfachintegration und Assimilation werden als positive Strategien betrachtet, während die Separation bzw. Segmentation und Marginalisierung als negative Strategien bezeichnet werden. Als theoretische Grundlage der vorliegenden Arbeit dient die Akkulturationstheorie von Berry, wobei auch auf die Migrationstheorie von Esser eingegangen wird, um den Vergleich zu ermöglichen und die Wahl der Theorie zu begründen.

Anfangs des 21. Jahrhunderts wurden in der Öffentlichkeit überwiegend Diskussionen über die soziale Einbindung von Migranten in Deutschland mit niedriger bis mittlerer Qualifikation geführt. Diese Gruppe stellt die Mehrheit dar, doch war das Interesse in den Medien deutlich größer als an der Gruppe der hoch qualifizierten Migranten. Nach allgemeiner Meinung seien diese durch ihren erhöhten gesellschaftlichen Status ohnehin besser in die deutsche Aufnahmegesellschaft integriert. Eine gute Eingliederung in den Arbeitsmarkt erhöhe die Wahrscheinlichkeit von Kontakten zu Personen der Aufnahmegesellschaft und damit auch die Wahrscheinlichkeit, dass Symbole benutzt werden, die die Zugehörigkeit zur Mehrheitsgesellschaft signalisieren. Es wird davon ausgegangen, dass die Hochqualifizierten aufgrund ihrer Bildung die positiven Strategien der Akkulturation (Integration oder Assimilation) wählen.
Es stellt sich die Frage, inwiefern diese Annahme den Tatsachen entspricht.

---

[4] Vgl. Nauck, Bernhard: Akkulturation. Theoretische Ansätze und Perspektiven in Psychologie und Soziologie, In: Kalter, Frank: Migration und Integration, Kölner Zeitschrift für Soziologie und Sozialpsychologie, Sonderheft 48/2008, Wiesbaden 2008, S. 108ff.

1.2. Relevanz und Aufbau der Arbeit

Das Thema der vorliegenden Arbeit wurde aus zweierlei Gründen gewählt. Erstens handelt die Arbeit von einer Gruppe der Migranten und Migrantinnen, über deren Situation in Deutschland bislang nur wenig bzw. gar nicht bekannt ist, und zwar über die Hochqualifizierten tschechischer Herkunft. Die Forschung über Einwanderer/innen gehobenen Bildungsniveaus aus Mittelosteuropa bzw. Tschechischer Republik wurde in Deutschland bislang vernachlässigt, da der Großteil des Forschungsinteresse nach wie vor auf die hauptsächlich in den 50-er und 60-er Jahren angeworbenen Arbeitermigranten/innen aus der Türkei oder dem ehemaligen Jugoslawien bzw. deren zweite Generation, sowie auf die Hochqualifizierten vorwiegend aus den Ländern der „Dritten Welt" und der ehemaligen Sowjetunion (Aussiedler bzw. Spätaussiedler) gerichtet wird. Die vorliegende Arbeit füllt diese Lücken in der gegenwärtigen Migrationsforschung.

Zweitens wurde sich für das Thema entschieden, da die kulturelle und soziale Mobilisierung ein zentraler Bestandteil auch der Biographie der Autorin sind. Sie bilden nicht zuletzt deshalb den Schwerpunkt des Forschungsinteresses der vorliegenden Analyse.

Die Arbeit ist in *fünf* Kapitel gegliedert. In der Einleitung wird nachfolgend auf die begriffliche Klärung eingegangen. Im *zweiten* Kapitel sind vorab Ursachen der Migration von Hochqualifizierten von Interesse, da diese eine Voraussetzung für den Akkulturationsprozess darstellen. Danach erfolgt die Auseinandersetzung mit theoretischen Grundlagen der Arbeit, und zwar mit den Migrationstheorien allgemein, sowie im Speziellen mit dem Vergleich von Essers Migrationstheorie und Berrys Akkulturationstheorie, die mit dem Themen der Akkulturation und der kulturelle Identität fortgesetzt werden.

Im *dritten* Kapitel werden die Untersuchungsgrundlagen zur eigenen Forschung vorgestellt. Das Kapitel befasst sich näher mit der Befragung und führt in die Methode des qualitativen Interviews ein. Über den Aufbau des Leitfadens und Auswahl der Probanden geht das Kapitel zur Vorstellung vom Verlauf der Feldforschung über. Das Auswertungsverfahren schließt das Kapitel ab.

Das *vierte* Kapitel enthält die Analyse und Ergebnisse der Felduntersuchung. Der letzte Teil dieses Abschnitts greift den theoretischen Hintergrund der vorliegenden Arbeit auf und geht auf die Einordnung der Akkulturationsstrategien von den Befragten anhand der gewählten Kategorien im Auswertungsverfahren ein. Die Reflexion der Ergebnisse wird auch in dieses Kapitel herangezogen.

Die Zusammenfassung im *fünften* Kapitel bietet einen kurzen Rückblick auf die gesamte Arbeit.

Auf die Geschichte der tschechischen Einwanderer nach Deutschland wird in dieser Arbeit verzichtet, da diese Aspekte bereits von anderen Autoren ausführlich behandelt worden sind.[5]

1.3. Fragestellung und methodische Herangehensweise

Die folgende Studie beschäftigt sich mit der Migration und Akkulturation von Hochqualifizierten tschechischer Herkunft in der deutschen Aufnahmegesellschaft. Es wird überprüft, welche Akkulturationsstrategien eine Gruppe von Migranten aus einer spezifischen europäischen Region - die tschechischen Hochqualifizierten - wählen bzw. anstreben und ob der sozioökonomischer Status die Präferenz bestimmter Akkulturationsstrategien beeinflusst.

Die zentrale Fragestellung, welche der Arbeit zugrunde liegt, lautet: Welche Akkulturationsstrategie wählen bzw. streben die Hochqualifizierten tschechischer Herkunft mit diesem spezifischen Bildungsniveau an?

Des Weiteren soll auf die Frage der kulturellen Identität und ihrer Beziehung zum Akkulturationsprozess eingegangen werden. Welche Identität bringen die nach Deutschland ausgewanderten Hochqualifizierte tschechischer Herkunft mit und welche übernehmen sie im Laufe des Verbleibs in der Aufnahmegesellschaft, welcher Gruppe fühlen sie sich zugehörig, oder leben sie in zwei Gesellschaften? Wo liegt das Zentrum ihrer Identitätsorientierung?

Neben Daten aus der Perspektive der Aufnahmegesellschaft soll hier hauptsächlich die Sicht der Migranten im Mittelpunkt stehen, die sich in der Statusgruppe der Hochqualifizierten befinden. So soll von dieser Seite ein möglicher Zusammenhang zwischen Akkulturationsstrategien und kultureller Identität untersucht werden.

Für die Analyse wird die Gruppe der tschechischen Ärzte gewählt, die nach 1989[6] nach Deutschland immigrierten und ihren Bildungstitel in der Tschechischen Republik erworben

---

[5] Vgl. Koschmal, Walter/ Nekula, Marek/ Rogall, Joachim: Deutsche und Tschechen. Geschichte – Kultur – Politik, München 2001.
Vgl. Grotz, Peter: Die Vertreibung. Böhmen als Lehrstück, München 2003.
[6] Die zeitliche Abgrenzung ist für die vorliegende Arbeit relevant, da es sich vor dem Jahr 1989 um die Fluchtmigration handelt. Menschen flüchteten aus einem isolierten Regime unter repressiven Bedingungen. Ab dem Jahr 1989 handelt es sich um die Menschen, die nach der Grenzöffnung über das Fortgehen aus der Heimat frei entscheiden konnten.

haben. Demnach wurden Fälle ausgewählt, die einen relativ homogenen Kontext vorweisen können, sodass die zeitgenössischen Einflussfaktoren ähnliche Ausprägungen auf die Probanden hatten.

Für die Befragung der Interviewpartner wurde die Methode des qualitativen Leitfadeninterviews gewählt. Auf quantitative Untersuchungsmethoden wurde verzichtet, da nur eine kleine Zahl von Probanden (10 Befragten) zur Verfügung stand. Zudem ist das Ziel der vorliegenden Arbeit, individuelle Pfade der gewählten Akkulturationsstrategien zu ergründen.

Den theoretischen Hintergrund der vorliegenden Untersuchung bildet das Akkulturationsmodell des kanadischen Psychologen und Migrationsforschers John W. Berry. Ein Teil dieses Modells bilden die Akkulturationstrategien, die für die Anpassung von Zuwanderern an die Mehrheitsgesellschaft vorgesehen werden: Integration, Assimilation, Separation und Marginalisation.

Vor der Untersuchung wurden zwei Hypothesen entwickelt, die anhand der Ergebnisse der themenzentrierten Interviews überprüft werden sollen:

1. Die hohe Bildung der Migranten tschechischer Herkunft trägt automatisch dazu bei, dass die Akkulturationsstrategien Integration bzw. Assimilation präferiert werden.
2. Trotz der hohen Bildung bei den Migranten tschechischer Herkunft können die Akkulturationsstrategien unterschiedlich ausfallen.

Der Fokus der vorliegenden Arbeit liegt auf dem Zusammenhang des sozioökonomischen Status der untersuchten Migrantengruppe mit der Wahl der Akkulturationstrategien. Anhand ihres hohen Bildungsniveaus als Kriterium sollen die Akkulturationstrategien der befragten Hochqualifizierten der tschechischen Herkunft bewertet werden. Da es aber sicherlich nicht ausreichend ist, nur eine unabhängige Variable der Ausbildung der spezifischen Akkulturationsstrategie zu beachten, werden weitere Dimensionen der Bewertung mit einbezogen: Sprache, soziale Kontakte sowie Mediennutzung und Freizeitaktivitäten der Migranten in der Aufnahmegesellschaft. Da die Strategien sich im privaten und öffentlichen Raum verschieben können, wird bei der Bewertung darauf geachtet, welche Strategie in welchem Bereich verfolgt wird. Wenn solche Verschiebungen festgestellt werden sollen, werden sie als Hybride bezeichnet. Die Selbstzuordnung der Migranten zu einer Akkulturationsstrategie wird oft als wichtig erachtet.[7] Die vorliegende Untersuchung verzichtet auf eine gezielte Fragestellung zu Akkulturationsstrategien und bewertet diese nur anhand der genannten Kriterien. Jedoch werden die Selbstwahrnehmung der kulturellen Identität sowie das (weitere) Integrationsbestreben erfragt, was zu der Akkulturationsbewertung ebenfalls beiträgt.

1.4. Klärung relevanter Begriffe

An dieser Stelle werden die Schlüsselbegriffe der Arbeit definiert, die als zentraler Bestandteil der Untersuchung gelten.

Hochqualifizierte Migranten

Laut Statistischen Bundesamt Deutschland sind Migranten/innen Personen, die nicht auf dem Gebiet der heutigen Bundesrepublik, sondern im Ausland geboren und nach Deutschland zugezogen sind. Je nach Staatsangehörigkeit können sie Deutsche (z. B. Spätaussiedler) oder Ausländer/innen sein.[8]

Der Begriff des „hochqualifizierten Migranten" kann auf verschiedene Art und Weise definiert werden:

- Hochqualifizierte Migranten sind laut deutsches Aufenthaltsgesetzes (§ 19 AufenthG) Wissenschaftler mit besonderen fachlichen Kenntnissen, Lehrpersonen in herausragender Funktion, Spezialisten und leitende Angestellte mit einem festgesetzten Mindestgehalt.
- Hochqualifizierte Migranten haben einen Hochschulabschluss.
- Hochqualifizierte Migranten sind Menschen mit Migrationshintergrund, die in ihrem Land eine anerkannte und hohe Ausbildung absolviert haben und diesem Beruf auch in Deutschland nachgehen.[9] Auf diese Definition bezieht sich die vorliegende Arbeit.

---

[7] Vgl. Hoffmann, Dagmar: Identitätsverlust und Identitätsgewinn über mediale Welten verschiedener Kulturen, Bielefeld 2006, S. 29.
Vgl. Jäger, Cordula: Akkulturation auf der Ebene des Verhaltens, Diss., Osnabrück 2005, S. 57 ff.
[8] Vgl. Statistisches Bundesamt Deutschland: MigrantInnen – Definition, In:
http://www.destatis.de/jetspeed/portal/cms/Sites/destatis/Internet/DE/Content/Statistiken/Bevoelkerung/Migratio nIntegration/Migrationshintergrund/Begriffserlaeuterungen/Migranten__innen,templateId=renderPrint.psml, Zugriff am: 21.12.2010
[9] Vgl. Zuwanderungsgesetz 2005, In: www.bmi.bund.de, Zugriff am: 21.12.2010

Die einfachste Operationalisierung ist sicherlich eine Unterscheidung anhand von universitären Bildungszertifikaten. Hier bereiten sowohl die verschiedenen Bildungsabschlüsse mit ihren unterschiedlichen Niveaus (heute als Beispiel Bachelor, Master oder Diplom) als auch der Standard der verschiedenen Universitäten bei einer internationalen Definition Probleme. Die Frage der Anerkennung dieser Zertifikate durch die Arbeitgeber des Ziellandes stellt sich zusätzlich. Zwar haben hoch qualifizierte Migranten einen formalen Bildungsabschluss in ihrem Herkunftsland erworben, dieser wird aber in einigen Fällen von den zuständigen Stellen im Zielland (hier Deutschland) nicht anerkannt. Eine Definition, die die tatsächliche berufliche Qualifikation in den Vordergrund stellt, ist in vielen Fällen passender. Mit Hilfe der Berufsgruppen kann versucht werden, die hoch qualifizierte Tätigkeit von beruflicher Ausbildung zu trennen, doch es bleibt schwierig mehr als grobe Aussagen über das Qualifikationsniveau zu treffen. Im Falle der Greencard-Regelung ist eine Beschäftigung in Deutschland für beide Fälle zugelassen. Sowohl IT-Fachkräfte mit Hochschulabschluss als auch Fachkräfte mit beruflicher Erfahrung, die sich in einem festgesetzten Mindestgehalt ausdrückt, sind hier im Sinne des Gesetzes hoch qualifizierte Arbeitskräfte.

Da die oben genannte Definition jedoch nur auf der formalen Qualifikation anhand des Bildungsabschlusses ermittelt und nicht aber auf der tatsächlichen Berufsausübung basiert, erarbeitete die OECD zusammen mit Statistischem Amt der Europäischen Union (EUROSTAT) im Jahre 1995 ein neues Konzept zur Erfassung hoch qualifizierter Personen – Human Resources in Science and Technology (HRST). Die dort verwendete Definition basiert auf zwei Kriterien. Nach denen gelten Personen als hoch qualifiziert, die entweder über eine entsprechende Ausbildung im Bereich der Wissenschaft und/oder Technologie verfügen oder in einem entsprechenden Beruf tätig sind.[10]

Zu den Personen, die als HRST eingestuft werden, gibt es empirische Daten beim Amt für Statistik der Europäischen Union (EUROSTAT), über die sich aber nur eingeschränkt Migrationsbewegungen abbilden lassen. Gleichwohl existieren einige länderübergreifende empirische Studien, die allerdings auf Grund unzureichender Daten eingeschränkt sind.[11]

---

[10] Vgl. OECD: The Measurement of Scientific and Technological Activities, Manual on the Measurement of Human Resources Devoted to S&T ("Canberra Manual"), OECD, Paris 1995.
[11] Vgl. OECD: The Global Competition for Talent: Mobility of the highly skilled, OECD, Paris 2008.

Auch bezogen auf Deutschland gibt es kaum Informationen über die Gruppe der Hochqualifizierten. Es wurden allerdings einige empirische Untersuchungen durchgeführt, die zumindest in einigen Aspekten die Migration Hochqualifizierter näher beleuchten.[12]

Die Forschung in Deutschland hat sich erst spät dem Thema „hoch qualifizierte Migranten" intensiver zugewandt. Wie oft bei explorativen Studien, wurden zunächst Klagen über die unzureichende empirische Datenbasis erhoben. Velling[13] kritisierte die ersten Arbeiten, die den Zusammenhang von Immigration und Arbeitsmarkt systematisch analysierten, dass über die Qualifikation der Migranten bisher so gut wie gar nichts bekannt sei. Ebenso fehlten Studien zur Arbeitssituation, selbst von Flüchtlingen mit festem Aufenthaltsstatus.[14] Aufgrund der unzureichenden Forschungs- und Datenlage ist man auf Schätzungen im Hinblick auf die Qualifikation von Immigranten angewiesen. Frick und Wagner[15] rechnen etwa mit 20% Hochqualifizierten bei der Gruppe der Flüchtlinge. Maur[16] geht von 5-10% AkademikerInnen bei den SpätaussiedlerInnen aus; den höchsten Anteil an Akademiker sehen zahlreiche WissenschaftlerInnen bei den jüdischen Aussiedlern. (ca. 70%).[17]

Hochqualifizierte Migranten werden als eine Gruppe mit relativ homogenen sozioökonomischen Merkmalen beschrieben. Es handelt sich dabei meistens um Männer[18] mit Hochschulausbildung und einem überdurchschnittlichen Einkommen. Auf das Alter bezogen, findet man typischerweise zwei unterschiedliche Alterskohorten. Einerseits relativ junge Berufstätige, um die 25 Jahre, die noch unverheiratet nach Berufsausbildung ins Ausland gehen und anderer-

---

[12] Vgl. Winkelmann, Rainer/ Kunze, Astrid/ Locher, Lilo/ Ward, Melanie: Die Nachfrage nach internationalen hochqualifizierten Beschäftigten, IZA Research Report No. 4, Bonn 2001.
Vgl. Englmann, Bettina/Müller, Martina: Brain Waste. Die Anerkennung von ausländischen Qualifikationen in Deutschland, Augsburg 2007.
[13] Vgl. Velling, Johannes: Immigration und Arbeitsmarkt. Eine empirische Analyse für die Bundesrepublik Deutschland, Baden-Baden 1995, S. 125.
[14] Vgl. Kühne, Peter/ Rüßler, Harald: Die Lebensverhältnisse der Flüchtlinge in Deutschland, Frankfurt/New York 2000, S. 283.
[15] Zit. nach Kühne/Rüßler: Die Lebensverhältnisse, 2000, S. 320.
[16] Vgl. Maur, Dagmar: Welche Zielgruppe werden vom Akademikerprogramm gefördert?, In: OBS (Hrsg.): Qualifizierte Zuwanderinnen und Zuwanderer erfolgreich integriere, Das Akademikerprogramm der Otto Benecke Stiftung, St. Augustin 2005, S. 5f.
[17] Ebda., S. 6.
Vgl. Gruber, Sabine/Rüßler, Harald: Hochqualifiziert und arbeitslos. Jüdische Kontingentflüchtlinge in Nordhein-Westfalen. Problemaspekte ihrer beruflichen Integration. Eine empirische Studie, Opladen: Leske und Budrich 2002, S. 35f..
Vgl. Haug, Sonja: Working Papers 2/2005: Jüdische Zuwanderer in Deutschland. Ein Überblick über den Stand der Forschung, Nürnberg 2005, S. 3.
[18] Vgl. Wolter, Achim: Globalisierung der Beschäftigung. Multinationale Unternehmen als Kanal der Wanderung Höherqualifizierter innerhalb Europas, Baden-Baden 1997, S. 69
Vgl. Stifterverband für die deutsche Wissenschaft (Hrsg.): Brain Drain – Brain Gain. Eine Untersuchung internationaler Berufskarrieren, durchgeführt von Bachaus, Beate/Ninke, Lars/Over, Albert, 2002, S. 20, In: *www.ges-kassel.de/download/BrainDrain-BrainGain.pdf, Zugrif am: 03.01.2011.*

seits ältere Fachkräfte, um die 45 Jahre, mit Berufserfahrung, die oftmals in Leitungspositionen beschäftigt sind.[19]

Vergleicht man die Verteilung der Männer und Frauen nach Altersklassen, zeigt sich, dass die hoch qualifizierten Frauen im Durchschnitt fast zwei Jahre jünger sind als die Männer. Der Altersdurchschnitt bei den Frauen liegt bei 39,5 Jahren, bei Männern dagegen bei 41,2 Jahren.[20]

In Deutschland stellt die Befragung des Stifterverbandes heraus, dass 73% der ausländischen Fach- und Führungskräfte verheiratet sind und 44% mit ihren Kindern in Deutschland leben.[21]

Die Ausbildungszertifikate haben in verschiedenen Ländern unterschiedliche Bedeutung. Während in den USA ein Hochschulzeugnis geringere Bedeutung hat, stellt dessen Bedeutung in Deutschland eine wichtige Zugangsvoraussetzung zu bestimmten Berufspositionen dar. So wird z. B. die Ausbildung von Ärzten in der Regel unter anderem von deren starken Berufsverbänden und den Gesundheitsbehörden überwacht und in Perioden des Bedarfsüberhanges reglementiert.[22]

Anders ist es bei Flüchtlingen, deren Qualifikation in vielen Fällen nicht anerkannt wird. Diese haben trotz der Prüfung ihrer Qualifikation durch die Einwanderungsbehörde oftmals Schwierigkeiten eine adäquate Stellung zu finden. Dies trifft beispielsweise in Deutschland im hohen Maße auf die jüdischen Kontingentflüchtlinge[23] aus den Nachfolgestaaten der ehemaligen Sowjetunion zu.[24] Studien dokumentieren, dass die Migranten auf die verschiedenen Schritte der Anerkennung ihrer im Heimatland erworbene Qualifikation nicht vorbereitet sind und die Immigranten aufgrund ihrer Herkunft diskriminiert werden.[25] Das zeigt, dass persön-

---

[19] Vgl. Beaverstock, Jonathan V.: Revisiting High-Waged Labor-Market Demand in the Global Cities-British Professional and Managerial Workers in New-York-City. International Journal of Urban and Regional Research, 20. Jg. (1996b), S. 432.
[20] Vgl. Beaverstock, Jonathan V.: Revisiting High-Waged., S. 433f.
[21] Vgl. Stifterverband: Brain-Drain, 2002, S. 21f.
[22] Vgl. Nohl, Arnd-Michael: Jenseits der Green Card. Potenziale hochqualifizierter Migrantinnen und Migranten in Deutschland, S. 5f, In: http://www.loccum.de/material/staat/greencard/nohl.pdf , Zugriff am 03.01.2011.
[23] Bei Kontingentflüchtlingen handelt es sich um eine privilegierte Sondergruppe unter den Ausländern, die nach der Aufnahme in Deutschland eine unbefristete Aufenthaltserlaubnis erhalten, die Rechtsstellung von Flüchtlingen und damit einen besonderen Ausweisungsschutz genießen., In:
http://www.aufenthaltstitel.de/stichwort/konti.html, Zugriff am 05.01.2011
[24] Vgl. Gruber/Rüßler: Hochqualifiziert und arbeitslos, 2002, S. 42.
[25] Vgl. Hiebert, Daniel: Local Geographies of Labor Market Segmentation: Montreal, Toronto and Vancouver, In: Economic Geographer, 75. Jg. (1999), S. 345.
Vgl. Bauder, Harald: „Brain abuse", or the devaluation of immigrant labour in Canada, In: Antipode, 35. Jg. (2003), S. 703.

liches Engagement und Anpassungsbereitschaft wichtig für einen erfolgreichen Transfer von vermeintlich universalen Qualifikationen sind. Genauso sind Fähigkeiten im interkulturellen Umgang und Durchhaltevermögen für eine erfolgreiche internationale Berufstätigkeit bedeutend.[26]

Migration

Angesichts der Komplexität von Migration und unzähligen wissenschaftlichen Betrachtungen ist es schwierig, eine einheitliche Definition zu finden.
Migration bedeutet Wanderung. In einem ersten Zugriff spricht man von Migration, wenn Personen oder Gruppen über einen längeren Zeitraum hinweg ihren Lebensmittelpunkt verlagern[27]. Räumliche Bewegungen von Personen oder Gruppen, die nicht mit einem dauerhaften Wechsel des Wohnortes verbunden sind (z.B. Reisende, beruflich bedingte Pendelbewegungen von Arbeitnehmern, Umzüge innerhalb derselben politischen Gemeinde), werden begrifflich dem Phänomen der Migration nicht zugerechnet.[28]
Im zweiten Zugriff spricht man von Migration, wenn Menschen ihren Lebensmittelpunkt verlagern und zum alten Lebensmittelpunkt ein neuer hinzukommt.[29]
Laut einer modernen Definition muss Migration (1) eine politische Grenze überschreiten, und (2)
einen Wechsel des Wohnsitzes, also nicht nur des Aufenthaltsortes, beinhalten.[30]
Migration bedeutet nicht nur seine Heimat bzw. sein Geburtsland zu verlassen, sondern neben vertrauten auch stützende Systeme hinter sich zu lassen und sich in Neue hineinzufinden.[31]
Migration ist eine Erfahrung, in der sich *„ein Individuum oder eine Familie auf eine Reise durch viele Phasen und soziale Systeme begibt und sich eine neue Heimat schafft."*[32]
Weil die Auflösung sozialer Netzwerke, Isolation, den Verlust von Status und Halt in der Gemeinschaft, häufig unklare Aufenthaltsrechte, Scham und Träume verbunden mit Schuldgefühlen gegenüber der zu Hause gelassenen Familie mit sich bringt, ist die Erfahrung der

---

[26] Vgl. Hillmann, Felicitas/Rudolph, Hedwig: Via Baltica. Die Rolle westlicher Fach- und Führungskräfte im Transformationsprozess Lettlands, WZB Discussion Paper FS 198-106, Berlin 1998, S. 6.
[27] Vgl. Han, Petrus: Soziologie der Migration, Lucius & Lucius, Stuttgart 2000, S. 7.
[28] Vgl. Heberle, Rudolf: Theorie der Wanderungen. Soziologische Betrachtung, In: Schmollers Jahrbuch, 4. Jg. (1955), S. 2.
[29] Vgl. Treibel, Anette: Migration, In: Baur, Nina/Korte, Hermann/Löw, Martina/Schroer, Markus (Hrsg.): Handbuch Soziologie, Wiesbaden: VS Verlag für Sozialwissenschaften 2008, S. 295f.
[30] Vgl. Bilsborrow, Richard E.: The state of the art, In: Bilsborrow, Richard E.(Hrsg.): Migration, urbanisation, and development: New directions and issues. Norwell, Dordrecht: Kluwer 1998, S. 3.
[31] Vgl. Radice von Wogau, Janine/Eimmermacher, Hanna/Lanfranchi, Andrea (Hrsg): Therapie und Beratung von Migranten. Systemisch-interkulturell denken und handeln, 1. Aufl., Beltz Verlag Weinheim 2004, S. 9
[32] Zit. nach Ebda., S. 46

Migration oft auch ein Stressfaktor. Dementsprechend bedeutet Migration oft auch Isolation, Entwertung, Krankheit.[33]

Allgemein steht der Begriff Migration für den dauerhaften Wechsel des Lebensumfeldes einer oder mehrerer Personen. Zur Konkretisierung und Differenzierung des oft allgemein gehaltenen Migrationsbegriffes wurden mehrere Typologien entwickelt. Demnach wird Migration unter folgenden Aspekten betrachtet:

1. Der räumliche Aspekt (Zielrichtung bzw. zurückgelegte Distanz bei der Wanderung); wobei es zwischen Binnenwanderung oder internationaler Wanderung unterschieden wird.
2. Der zeitliche Aspekt beinhaltet temporäre Wanderung oder dauerhafte Wanderung bzw. Immigration.
3. Der Aspekt der Wanderungsentscheidung oder –ursache unterscheidet zwischen freiwilliger oder Zwangswanderung.
4. Der Aspekt des Umfanges bezieht sich auf Einzel bzw. Individualwanderung, Gruppen- oder Massenwanderung[34].

Was die Dauer betrifft, wurden im Laufe der Zeit verschiedenen Definitionen angewendet. Die International Organization for Migration (IOM)[35] definiert internationale Migration als den mehr als einjährigen Aufenthalt in einem anderem Staat als dem der Geburt. Die Organisation der Vereinten Nationen (UN) schlug eine einheitliche Definition vor, wonach Migration der Aufenthalt an einem Ort für mehr als ein Jahr sei, während von temporärer Migration schon ab 3 Monate zu sprechen sei.[36] Diese Definition ist für die vorliegende Arbeit relevant.

In Anbetracht konkreter Migrationsentscheidungen und -prozesse ist es schwierig, freiwillig angestrebte und erzwungene Migration zu unterscheiden. In der Literatur wird statt zwischen freiwilliger und erzwungener in der Regel zwischen erzwungener und ökonomischer Migration unterschieden.[37] So werden Flüchtlinge in Angrenzung zur freiwilligen Migration definiert. Demnach wird ökonomische Migration als freiwillige Migration verstanden. Laut Bade ist diese Unterscheidung wenig hilfreich und eher irreführend, *„denn auch freiwillige Migrationen wurden meist von vielerlei materiellen und immateriellen, durchaus nicht immer und*

---

[33] Ebda., S. 47.
[34] Vgl. Treibel, Anette: Migration in modernen Gesellschaften. Soziale Folgen von Einwanderung, Gastarbeit, München 2003, S. 19ff.
[35] Vgl. International Organization for Migartion (IOM): International Migration Law. Glossary on Migration. Genf: IOM 2000.
[36] Vgl. International Migration Report 2002, New York 2003: UN.
[37] Vgl. Bade, Klaus, J.: Europa in Bewegung. Migration vom späten 18. Jahrhundert bis zur Gegenwart, Beck, München 2002.

insgesamt überblickten oder gar in rationaler Güterabwägung kalkulierten Bestimmungsfaktoren angetrieben."[38]

Ökonomische Migration kann sehr wohl eine Form von erzwungener Migration sein, und zwar wenn z.b. den Menschen die wirtschaftliche Lebensgrundlage entzogen worden ist und die wirtschaftspolitischen Entscheidungen den Verbleib von Menschen an einem Ort unmöglich machen, z.B. wenn Armutsgrenze und reale Überlebensgrenze unterschritten ist[39].
Neben dem Begriff Migration entstand in Deutschland auch die Bezeichnung `Person mit Migrationshintergrund`. Wer dieser Gruppe von Personen angehört, definierte 2005 der Statistische Bundesamt. Demnach hat eine Person einen „Migrationshintergrund", wenn:
- sie nicht auf dem Gebiet der heutigen Bundesrepublik geboren wurde und 1950 oder später zugewandert ist und/oder
- sie keine deutsche Staatsangehörigkeit besitzt oder eingebürgert wurde oder
- ein Elternteil mindestens eine der in den ersten beiden Punkten genannten Bedingungen erfüllt.[40]

Kultur

Eine allgemein akzeptierte Definition des Kulturbegriffs liegt nicht vor. Der Begriff Kultur hat mehrere Bedeutungen, wobei alle aus seinem lateinischen Ursprung, dem Wort *cultura*, abgeleitet sind, was die Pflege sowie sorgfältige Gestaltung des Ackers bezeichnet. In den meisten westlichen Sprachen bedeutet „Kultur" „Zivilisation" oder „Verfeinerung des Geistes". Das ist „Kultur im engeren Sinne".[41] In den Wissenschaftsdisziplinen sind Kulturen hochkomplexe Phänomene, die sich unter zahlreichen Blickwinkeln betrachten lassen. Jede Wissenschaft widmet sich mit je eigenen Perspektiven, Fragestellungen und Methoden der Erforschung von Kultur.
Aus der Vielfalt der Kulturbegriffsdefinitionen in den Wissenschaftsdisziplinen soll hier nur ein Auszug gebracht werden.

---

[38] Zit. nach ebda., S. 23.
[39] Vgl. Bade, Klaus, J.: Europa in Bewegung., S. 24.
[40] Vgl. Bevölkerung mit Migrationshintergrund, Ergebnisse des Mikrozensus 2005, Fachserie 1 Reihe 2.2. 2005, In:
httpww.ec.destatis.de/csp/shop/sfg/bpm.html.cms.cBroker.cls?cmspath=struktur,vollanzeige.csp&ID=1020313
Zugriff am 21.12.2010
[41] Vgl. Hofstede, Geert: Interkulturelle Zusammenarbeit. Kulturen, Organisationen, Management, Wiesbaden 1993, S. 18.

In den Sozial- und Kulturwissenschaften, die für die vorliegende Arbeit von Bedeutung sind, ist der Begriff „Kultur" im Wesentlichen als ein System von Konzepten, Überzeugungen, Einstellungen, Wertorientierungen zu verstehen, die sowohl im Verhalten und Handeln der Menschen als auch in ihren geistigen und materiellen Produkten sichtbar werden.[42]

Laut Oberbichler[43] kann man „*Kultur grenzenlos definieren, doch die am meisten wiederholte Definition besagt, dass Kultur die Gesamtheit der typischen Lebensformen einer Bevölkerung, ihre Wertorientierung, deren Handlungen und Produkte, deren Ideen und Symbolen sei. Kultur ist eine Lebensweise. Sie ist nichts Statisches, sie wird kontinuierlichen Wandlungsprozessen unterzogen.*" Im Prozess der Sozialisation wird die Kultur unbewusst aufgenommen, „*verinnerlicht und wieder vergessen*" und somit als etwas Selbstverständliches und Natürliches empfunden.[44]

In den Erziehungswissenschaften wird die Kultur als ein Prozess aufgefasst:
„*Kultur ist ein offener und instabiler Prozess der Auseinandersetzung und des Aushandelns von Bedeutungen, der sozial, emotional und kognitiv kompetente Akteure mit unterschiedlichen Interessen und unterschiedlichem Status zueinander in Beziehung setzt und bei einer Einigung oder Kompromissbildung zu vorübergehender sozialer Abschließung und Grenzziehung führt.*"[45]

Aus anthropologischer Sicht wird der Kulturbegriff von der Bedingung des Menschen als Kulturwesen und erst in zweiter Linie als Sozialwesen folgendermaßen abgeleitet:
"*Von diesen (den Tieren, Anm. d. Verf.) unterscheidet sich der Mensch aber schon radikal dadurch, dass sein soziales Verhalten die verschiedenen Formen und Inhalte aufweist und weder artspezifisch festgelegt noch an eine bestimmte Umwelt gebunden ist. Offenbar fällt der Mensch – [...] – aus der Naturordnung hinaus, die das tierische Verhalten artspezifisch durch Instinkte regelt und festlegt. Seine Instinkte sind so reduziert, dass er für die Befriedigung seiner Triebe und Bedürfnisse keine feste Lösung kennt. Diese [...] Verhaltensunsicherheit muss der Mensch, um überleben zu können, durch Kultur ausgleichen und ist in seiner Konstitution, statt als Naturwesen, als Kulturwesen angelegt. [...] Deshalb ist sein Tun und Lassen,*

---

[42] Vgl. Hofstede: Interkulturelle Zusammenarbeit, 1993, S. 19.
[43] Zit. nach Oberbichler, Petra: Über Kultur und Kulturbegriff. Kulturbegriff in klassischen und modernen Kulturtheorien. Eine theoretische Reise durch Definitionen des Kulturbegriffs, Diplomarbeit, Wien 2002, S. 20.
[44] Ebda., S. 11.
[45] Zit. nach Herzog, Walter: Die Schule und die Pluralität ihrer Kulturen. Für eine Neufassung des pädagogischen Kulturbegriffs, In: Zeitschrift für Erziehungswissenschaft, 2. Jg. (1999), S. 232.

von geringen und vagen Instinktresten abgesehen, kein von Natur festgelegtes Sichtverhalten, sondern ein durch Sinn und Bedeutung verfasstes Handeln. Aus dieser Eigenart des Menschen als Kulturwesen entspringt alle Kultur."[46]

Die Psychologie beschäftigt sich u.a. mit den Zusammenhängen zwischen Kultur und Erleben, Verhalten eines Subjekts, wobei von einer Wechselwirkung zwischen Kultur und dem Individuum ausgegangen wird.[47] Es gibt zahlreiche psychologische Definitionen des Kulturbegriffs, ich teile die Ansicht von Triandis[48], dass alle Kulturdefinitionen in drei Punkten konvergieren. Zum einen darin, dass Kultur als psychologisch fassbare Größe erst in adaptivem, d.h. interaktivem Verhalten salient wird, zum anderen, dass Kultur aus Elementen besteht, die von mehreren Individuen geteilt werden müssen. Schließlich werden kulturelle Werte und Merkmale über Generationen hinweg „vererbt", indem sie als Riten, Symbole, Mythen oder Bräuche in die Zukunft fortgeschrieben werden.

Akkulturation

Das Akkulturationskonzept wurde erstmalig von amerikanischen Anthropologen im ausgehenden 19. Jahrhundert eingeführt. Seitdem haben sich unterschiedliche Vorstellungen darüber, was unter Akkulturation zu verstehen ist, entwickelt.
Die am meisten verbreitete Definition von Akkulturation in Soziologie und Psychologie stammt von Redfield, Linton und Herkovits:

„Acculturation comprehends those phenomena which result when groups or individuals having different cultures come into continuous first-hand contact with subsequent changes in the original culture patterns of either or both groups. Under this definition, acculturation is to be distinquished from culture change, of which it is but one aspect, and assimilation, which is at times a phase of acculturation." [49]

---

[46] Zit. nach Friedrich H. Tenbruck: Die kulturellen Grundlagen der Gesellschaft. Der Fall der Moderne, Westdeutscher Verlag GmbH, Opladen 1989, S. 15
[47] Vgl. Straub, Jürgen/Thomas, Andreas: Positionen, Ziele und Entwicklungslinien der Kulturvergleichenden Psychologie, In: Thomas, Andreas (Hrsg.): Kulturvergleichende Psychologie. 2. Aufl., Göttingen: Hogrefe 2003, S.38.
[48] Vgl. Triandis, Harry C.: Theoretical and methodological approaches to the study of collectivism and individualism, In: Kim, Uichol/Triandis, Harry C. et al (Hrsg.): Individualism and collectivism, Thousand Oaks, CA: Sage 1994, S. 41ff.
[49] Redfield/Linton/Herkovits 1936, zit. nach Berry, John W.: Acculturation and Psychological Adaption, In: Bade, Klaus J. (Hrsg.): Migration – Ethnizität – Konflikt, Osnabrück 1996, S. 171

Die Autoren unterscheiden zwischen Assimilation (die Anpassung an die Aufnahmekultur bei gleichzeitiger Aufgabe der Herkunftskultur) und Akkulturation, wobei sie Assimilation als ein Teilkomponent des Akkulturationsprozesses verstehen.

Unter Akkulturation wird also verstanden, wenn Individuen oder Gruppen in eine Kultur „hineinkommen" und der Kontakt mit der anderen Kultur eine Veränderung entweder für die eine oder für die beiden aufeinander treffenden Kulturen mit sich bringt. Diese Annahme ist für die vorliegende Arbeit relevant. Die Veränderungen während der Akkulturation können auf den unterschiedlichen Ebenen stattfinden. Die Bandbreite reicht von veränderten Ernährungsgewohnheiten, über veränderte ökonomische Situationen, die neuen Sprachkenntnisse bis hin zu psychologischen Veränderungen wie beispielsweise der Veränderung von Normen und Werten.[50]

Eine andere Definition stammt von der International Organization for Migration. Akkulturation wird hier definiert als *„the progressive adoption of elements of a foreign culture (ideas, words, values, norms, behaviour, institutions) by persons, groups or classes of a given culture"*[51]

Phinney, Horenczyk, Liebkind und Vedder[52] weisen darauf hin, dass die Konstrukte „ethnische Identität" und „Akkulturation" oftmals unscharf voneinander abgegrenzt und austauschbar verwendet werden. Laut ihrer Definition wird Akkulturation wie folgt verstanden: *„[...] a broader construct, however, encompassing, a wide range of behaviors, attitudes, and values, that change with contact between cultures."*[53] Unter *ethnischer Identität* wird der Aspekt der Akkulturation verstanden, der sich auf die Beziehung des Individuums zu seiner ethnischen Gruppe als Subgruppe der aufnehmenden Gesellschaft bezieht.[54]

Laut Esser[55] muss sich Akkulturation nicht auf ein einheitliches kulturelles System beziehen, sondern liegt auch vor, wenn sich die Übernahme kultureller Elemente auf Teilkulturen oder auf die Übernahme von Teilelementen aus der dominanten Kultur bezieht. Deshalb hat Akkulturation im Gegensatz zu Identität eher prozesshaften Charakter.

---

[50] Vgl. Berry, John W.: Immigration, acculturation and adaptation. Applied Psychology, In: *International Review*, 46 (1). Jg. 1997, S. 12ff.
[51] Zit. nach International Organization for Migartion (IOM): International Migartion Law. Glossary on Migration. Genf: IOM 2004, S. 5.
[52] Vgl. Phinney, Jean S./Horenczyk, Gabriel/Liebkind, Karmela/Vedder, Paul (Hrsg.): Ethnic identity, immigration, and well-being: An interactional perspective. Journal of Social Issues, 57. Jg. (2001), H. 3, S. 493ff.
[53] Zit. nach ebda., S. 497.
[54] Vgl. Phinney, Jean S.: Ethnic identity in adolescents and adults: Review of research, In: Psychological Bulletin, 108. Jg. (1990), S. 499ff.
[55] Vgl. Esser, Hartmut: Aspekte der Wanderungssoziologie: Assimilation und Integration von Wanderern, ethnischen Gruppen und Minderheiten. Eine handlungstheoretische Analyse. Darmstadt: Hermann Luchterhand Verlag 1980, S. 33f.

Die kulturvergleichende Psychologie unterscheidet zwischen Akkulturation von Gruppen und individueller Akkulturation[56]. Diese Unterscheidung ist hervorzuheben, da die beobachteten Bereiche unterschiedlich sind. Bei der Analyse der Akkulturation von Gruppen geht es vor allem um politische, sozioökonomische und kulturelle Veränderungen, bei individueller Akkulturation geht es vor allem um die Veränderung von persönlichen Ressourcen, mit denen Individuen unterschiedliche Voraussetzungen in den Akkulturationsprozess einbringen. Persönliche Ressourcen sind Personenmerkmale, die bei der Bewältigung von Anforderungen hilfreich und nützlich sind. Bildung, Gesundheit und Intelligenz sind Beispiele für wertvolle Ressourcen im Akkulturationsprozess.[57]

Idealerweise sollten im Akkulturationsprozess - beim so genannten Vorgang des *kulturellen Verlernens*[58] - Elemente der eigenen Kultur, und das gilt sowohl für Individuen aus der Aufnahme- als auch der Herkunftskultur, aufgegeben werden, weil sie nicht mehr funktional sind. Obgleich hier von einer Veränderung in beiden Gruppen die Rede ist, betrifft die Notwendigkeit zur Akkulturation vor allem Angehörige zugewanderter, nun kultureller Minderheiten, die den Anforderungen der Aufnahmegesellschaft in vielen Bereichen nachkommen müssen. Solche Veränderungen können aber auch zur Bereicherung der eigenen Kultur durch die Übernahme ausgewählter Elemente der fremden Kultur und die Entstehung einer Interkultur führen.[59]

Die Akkulturation setzt die Realisierung eines individuellen Prozesses der Enkulturation in der Herkunftsgesellschaft voraus. Die Enkulturation entspricht dem Erlernen des Wissens und der Überzeugungen der sozialen Gruppe (in der Herkunftsgesellschaft) im primären Sozialisationsprozess als Teil der Anpassung menschlicher Individuen an ihre Umgebung. Akkulturation hingegen wird dann eingeleitet, wenn Gruppen oder Individuen direkten Kontakt mit einer oder mehreren anderen Kulturgruppen erfahren. Infolgedessen treten sowohl Veränderungen in der Herkunftskultur der sich Akkulturierenden als auch in der Kultur der Aufnahmegesellschaft auf. Akkulturation ist also zweiseitig, aber nicht notwendig symmetrisch. Sie kann auch einen Kulturwandel innerhalb der Herkunftskultur, zum Beispiel durch Modernisierungspro-

---

[56] Vgl. Graves, Theodore D.: Psychological acculturation in a triethnic community. South Western Journal of Anthropology, 23. Jg. (1967), S. 342.
[57] Vgl. Graves: Psychological acculturation,1967, S. 341f.
[58] Vgl. Berry, J. W.: Immigration, 1997, S. 22f.
[59] *Vgl. Camilleri, Carmel/Malewska-Peyre, Hanna: Socialization and identity strategies, In: John W. Berry et al. (Hrsg.): Handbook of cross-cultural psychology, Vol. 2, Boston: Allyn & Bacon 1997, S. 41ff.*
Vgl. Trommsdorff, Gisela: Internationale Kultur? Kulturpsychologische Aspekte der Globalisierung, In: Gogolin, Ingrid/Nauck, Bernhard (Hrsg.): Migration, gesellschaftliche Diffenzierung und Bildung, Opladen: Leske und Budrich 2000, S. 393f.

zesse, bedeuten.[60]

Zusammenfassend lässt sich festhalten, dass allen Definitionen der Akkulturation zwei Komponenten zu Grunde liegen: Kontakt und Veränderung. Dabei ist der Kontakt die Interaktion zwischen Vertretern der an der Akkulturation beteiligten kulturellen Gruppen und Individuen. Die Veränderung bedeutet Wandel der kulturellen und psychologischen Phänomene, der einige Generationen und ganze soziale Strukturen und Institutionen betreffen kann.

---

[60] Vgl. Schönpflug, Ute: Migration aus kulturvergleichender psychologischer Perspektive, In: Thomas, Alexander; Kulturvegleichende Psychologie, Göttingen 2003, S. 519.

2. Genese von Modellen zu Migration und Kultur

Bevor auf die theoretischen Ansätze von Migration und Akkulturation eingegangen wird, sollen die Ursachen der Migration von Hochqualifizierten erörtert werden, da diese eine Voraussetzung für den Akkulturationsprozess darstellen.

2.1. Ursachen der Migration von Hochqualifizierten

Laut Soziologen werden Ursachen der Migration in der Regel durch biographische Entscheidungsmodelle nach rationalistischem Muster interpretiert, so genannte Push (Druck)- und Pull (Zieh)-Modelle.[61] Beim diesem Ansatz ist die Migration auf das Zusammenspiel einzelner anziehender (Pull-) im Zielgebiet und abstoßender (Push-) Faktoren im Herkunftsland zurückzuführen.[62] Push- und Pull- Faktoren bewirken, dass ein potentieller Migrant in seiner Migrationsentscheidung im Heimatland negativ und vom Zielland positiv beeinflusst wird. Diese Faktoren können demographischer, ökonomischer, politischer, gesellschaftlicher, ökologischer, familiärer oder auch individueller Natur sein, die unabhängig von ihrem objektiven Vorhandensein subjektiv empfunden werden.[63]

Die Push-Faktoren bestimmen lediglich das Migrationspotential. Dieses muss auf eine Migrationsnachfrage stoßen (Pull-Faktoren), damit Migration wahrscheinlicher wird.[64] Ein simultanes Vorliegen von Push- und Pull-Faktoren ist also notwendige Bedingung für Migration.

Typische Push-Faktoren sind z.B. Arbeitslosigkeit, geringes Lohnniveau, hohe Steuerlast[65], Enteignung, Armut, (politische, religiöse, geschlechtliche oder sonstige) Verfolgung oder Diskriminierung oder kriegerische Auseinandersetzungen.[66]

Übliche Pull-Faktoren sind in den Zielländern z.B. ökonomische Attraktivität ausgedrückt im Wohlstandsniveau, Arbeitskräftemangel, überdurchschnittliche Einkommensmöglichkeiten (verglichen mit der Herkunftsland), (soziale, rechtliche, politische usw.) Sicherheit, Wohnkomfort, Bildungsmöglichkeiten oder Toleranz.[67]

---

[61] Vgl. Han: Soziologie, 2000, S. 14.
[62] Vgl. Nuscheler, Franz: Internationale Migration, Flucht und Asyl, 2. Auflage, Wiesbaden 2004, S. 32.
[63] Vgl. Han: Soziologie, 2000, S. 15
[64] Vgl. Fischer, Peter A./Straubhaar, Thomas: Ökonomische Integration und Migration in einem Gemeinsamen Markt: 40 Jahre Erfahrung im Nördischen Arbeitsmarkt, Bern 1994, S. 96.
[65] Vgl. Fox, William F./Herzog, Henry W./Schlottmann, Alan M.: Metropolitan Fiscal Structure and Migration, In: Journal of Regional Science, No. 29. Jg. (1989), S. 529.
[66] Vgl. Nuscheler: Internationale Migration, 2004, S. 33f.
[67] Vgl. Nuscheler: Internationale Migration., S. 34.

Eine Zusammenfassung der Faktoren beider Seiten bietet nachstehende Darstellung, die von Genov[68] entnommen ist.

Abbildung 1: Faktoren, Prozesse und Auswirkungen der internationalen Migration

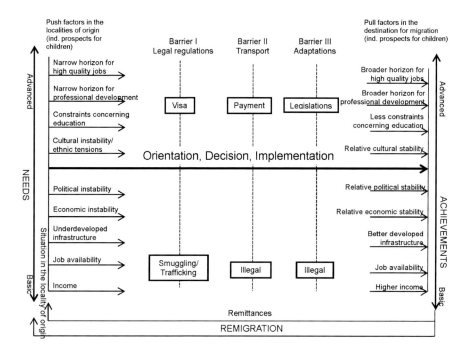

Bei der Erklärung der Ursachen von Migration steht oft die ökonomische Rationalität im Vordergrund, was man als sehr einseitig interpretieren kann. Beaverstock[69] nennt höhere Lohnerwartungen im Ausland, ein rascheres Voranschreiten im Karrierepfad und das Sammeln von internationaler Erfahrung als Hauptmotive für eine internationale Migration. Doch die Befragung des Stifterverbandes[70] zeigt geringe Erwartungen der hoch qualifizierten Migranten bei der Karriereentwicklung nach einem internationalen Aufenthalt. Nur 24% der befragten Fach- und Führungskräfte schätzen ihren Karriereverlauf im Heimatland nach einem Auslandsaufenthalt optimistischer ein, wobei man zwischen den Nationalitäten der Auswanderer stark unterscheiden muss. Es handelt sich dabei um die Migration von Hoch-

---

[68] Genov, Nikolai: Labour for Sale in the Globalmarket, In: Savvidis, Tessa (Hrsg.): International Migration. Local Conditions and Effects, Osteuropa-Institut der FU-Berlin 2009, H. 3, S. 13.
[69] Vgl. Beaverstock: Revisiting, 1996b, S. 427 und 439f.
[70] Vgl. Stifterverband: Brain-Drain, 2002, S. 27.

qualifizierten zwischen Deutschland und USA, was sich natürlich nur bedingt auf die Ost-West-Migration in Europa beziehen kann.

Auch Wolburg[71] geht davon aus, dass wirtschaftliche Gründe, vor allem höhere Entgelte und bessere Karrieremöglichkeiten, bei der Migrationsentscheidung dominieren. Im Falle Deutschlands und seiner europäischen Nachbarländer kommt hinzu, dass solche Differentiale aufgrund räumlicher Nähe und aufgrund historischer wie familiärer Verbindungen zwischen diesen Ländern besonders sichtbar sind. Doch es ist zum Beispiel nicht denkbar, dass man bei der Analyse der Ursachen der Migration und der Entscheidungen der einzelnen potentiellen Auswanderer von der wirtschaftlichen Situation und von der politischen und historischen Lage des Landes abstrahieren kann. Der individuelle Beschluss für die Auswanderungsentscheidung kann außerdem von den strukturellen (sozialen, familiären sowie ökonomischen und politischen) Prozessen der Gesellschaft beeinflusst werden[72].

Problematisch bei den Push-Pull-Ansätzen ist jedoch, dass bei ihrer Anwendung Migration meist nur im ökonomischen Zusammenhängen gesehen wird. Dabei wird die räumliche Mobilität von Menschen überschätzt, da der Wert der Immobilität von Menschen nicht erfasst wird.[73]

Ebenso wird der geschichtliche Hintergrund eines Landes vernachlässigt, da einfach von einer unterschiedlichen Faktorausstattung ausgegangen wird, ohne zu erklären, woher diese kommt, so z.B. für den Faktor Kapital in kapital-armen und -reichen Ländern.[74]

Die Abgrenzung von ökonomischen Push-Pull-Faktoren wird problematisch, denn auf welchem Niveau liegt das Existenzminimum oder die untere Grenze des Gehalts im Herkunftsland und wird damit zum Push-Faktor? Und ab welchem Betrag wird ein Angebot aus dem Zielland zum Pull-Faktor? Laut Thorn, Holm-Nielsen[75] gibt es neben den monetären Überlegungen zur Migration auch die individuellen Gründe, die von der Existenzsicherung, bis zum Streben nach Anerkennung und Selbstverwirklichung reichen, oder eine Mischung unterschiedlicher Motive sind.

Durch eine Kategorisierung der hoch qualifizierten Fachkräfte in verschiedene Berufsgruppen

---

[71] Vgl. Wolburg, Martin: On Brain Drain, Brain Gain and Brain Exchange within Europe, HWWA Studies of the Hamburg Institute of International Economics, No. 61; Baden-Baden 2001, S. 42.
[72] Vgl. Chies, Laura: Das Migrationsproblem in der Europäischen Gemeinschaft: theoretische und empirische Analyse der Bestimmungsfaktoren und Folgen internationaler Arbeitskräftewanderungen, Frankfurt am Main 1994, S. 16f.
[73] Vgl. Straubhaar, Thomas: Migration im 21. Jahrhundert: von der Bedrohung zur Rettung sozialer Marktwirtschaften?, Tübingen, Mohr Siebeck 2002, S. 32.
[74] Ebda., S. 33f.
[75] Vgl. Thorn, Kristian/Holm-Nielsen, Lauritz B.: International Mobility of Researchers and Scientists, Research Paper No. 83/2006, S. 5.

arbeitete Mahroum[76] unterschiedliche Motive der Migration hoch qualifizierter Fachkräfte heraus. Während finanzielle Anreize sowie konjunkturelle Unterschiede besonders bei technischen Fachkräften, bei Führungskräften und bei Unternehmern eine Rolle spielen, sind interessante Arbeitsbedingungen und anspruchsvolle Arbeitsaufgaben und das Prestige des Arbeitgebers, d.h. der Universitäten, für Studenten und Wissenschaftler von größerer Bedeutung.[77] Die Immigrationsgesetze haben für diese Gruppe eine geringere Bedeutung, während soziale Netzwerke und eine hervorgehobene Position der Einrichtung im sozialen Raum der Disziplin von größerem Gewicht sind.[78] Für Unternehmer spielen wiederum die gesetzlichen Rahmenbedingungen in einem Zielland eine größere Bedeutung sowie das vorhandene Risikokapital.

Weber et al[79]. unterscheiden hingegen die Motivation nach den Herkunftsländern der Fachkräfte. Für die hoch qualifizierten Fachkräfte aus den Entwicklungsländern ist der Verdienst entscheidend, während für die Migranten aus Industrieländern Karrierevorteile und die berufliche Herausforderung die Hauptmotive sind.

Des Weiteren tragen die persönlichen Beziehungen und Informationen zwischen denen, die bereits gewandert sind und denen, die wandern wollen, entscheidend zum Wanderungsentschluss bei.[80] Insofern handelt es sich um eine Erweiterung des Push-Pull-Modells, die dem Informationsaustausch und dem Einfluss von Netzwerken in Migrationsentscheidungen Rechnung trägt, so „*dass die anderen Faktoren bzw. Hypothesen dagegen verblassen*".[81] Werden die lebensweltlichen Kontakte und sozialen Netzwerke dichter, ist davon auszugehen, dass familien- oder partnerorientierte Motivationsgründe häufiger auftreten. Lebenspartner können sich beispielsweise während des Studiums kennen gelernt haben und versuchen danach wieder gemeinsam an einem Ort zu leben. Laut Stifterverband[82] geben bei einer Befragung von ausländischen Wissenschaftlern fast 40% private Gründe für ihren Aufenthalt in Deutschland an, von Fach- und Führungskräften fast die Hälfte der Befragten, wobei es nur bedingt möglich sei, die Trennung von ökonomischen und privaten Motiven in individuellen Entscheidungen nachzuvollziehen.

---

[76] Vgl. Mahroum, Sami: Highly Skilled Globetrotters – Mapping the International Migration of Human-Capital. R & D Management 30. Jg. (2000a), H. 1, S. 23ff.
[77] Vgl. Mahroum, Sami: Highly Skilled Globetrotters, S. 29.
[78] Ebda., S. 26f.
[79] Vgl. Weber, Wolfgang/Festing, Marion/Dowling, Peter J./Schuler, Randall S.: Internationales Personalmanagement, 2. Aufl., Wiesbaden: Gabler 2001, S. 43f.
[80] Vgl. Treibel, Anette: Migration in modernen Gesellschaften. Soziale Folgen von Einwanderung, Gastarbeit und Flucht, Weinheim, München: Juventa 2003, S. 40.
[81] Zit. nach ebda., S. 42.
[82] Vgl. Stifterverband: Brain-Drain, 2002, S. 39.

Findlay und Garrick[83] nennen schon Anfang 1990er Reiselust als ein weiteres Motiv von Arbeitskräften. Die internationale Mobilität mit der Berufstätigkeit zu verbinden scheint nur als eine nahe liegende Schlussfolgerung.
Als letzter Punkt ist der Hinweis auf die politischen Rahmenbedingungen in dem Herkunftsland wichtig, der über ökonomische und soziale Motive hinaus verweist. Politische Unsicherheiten und Spannungen sind ein weiteres Motiv für die Migration von hoch qualifizierten Arbeitskräften.[84]

Die Zunahme von Migration der Hochqualifizierten hängt zweifelsohne von Globalisierungsprozessen ab, die auf verschiedenen Ebenen der Gesellschaft Konsequenzen zeigen. Erstens hat die Globalisierung der Produktions- und Arbeitsmarktstrukturen sowohl eine Formenvielfalt als auch eine soziale Klassendifferenzierung der Migration hervorgebracht. Manager und Ingenieure bewegen sich als hoch bezahlte Beschäftigte multinationaler Unternehmen, Wissenschaftler als Angehörige der internationalisierten *scientific community*, Diplomaten und Beamte als Mitglieder internationaler Organisationen rund um die Welt. Auf der anderen Seite finden Migranten und Migrantinnen mit geringeren Qualifikationen als billige Arbeitskräfte in privaten Haushalten oder als Saisonarbeiter in der Landwirtschaft, in der Gastronomie und im Bauwesen Verwendung. Ganz am Ende der sozialen Leiter stehen die rechtlose und ausgebeutete illegale bzw. irreguläre Arbeitsmigranten.[85]
Zweitens führten die gesellschaftlichen Veränderungen zur Herausbildung einer globalen Wissensgesellschaft, die zusammen mit der Internationalisierung von Wissenschaft und Forschung die Elitenmigration fördert. Um in einer globalisierten Wirtschaft konkurrenzfähig zu bleiben, benötigen die nationalen Arbeitsmärkte, wie z.B. in Deutschland, immer mehr hochqualifizierte Arbeitskräfte. Die Realität zeigt, dass es Mangel an diesen Arbeitskräften auf dem deutschen Arbeitsmarkt herrscht. In Folge dessen entwickelten sich verschiedene Netzwerke, die einen internationalen Arbeitsmarkt überhaupt ermöglichen, bzw. die Mobilität von Kompetenzen in diesem globalen Raum erleichtern.[86]

---

[83] Vgl. Findlay, Allan M./Garrick, Lesley: Scottish Emigration in the 1980s: a Migartion Channels Approach to the Study of Skilled International Migration, In: Transactions of the Institute of British Geographers (NS) 1990, S. 187.
[84] Vgl. Borjas, George J.: Assimilation, changes in cohort Quality, and the Earnings of Immigrants, In: Journal of Labor Economics, Vol. 3. Jg. (1985), S. 484.
[85] Vgl. Martin, Quido, 2007, Projektarbeit an der Universität Bielefeld, S.29f. http://www.uni-bielefeld.de/(de)/soz/iw/projekte/projekteabgeschlossen.html, Zugriff am 27.12.2010
[86] Vgl. Nuscheler, Franz: Globalisierung und ihre Folgen: Gerät die Welt in Bewegung?, In: Butterwegge, Christoph/ Hentges, Gudrun (Hrsg.): Zuwanderung im Zeichen der Globalisierung. Migrations-, Integrations- und Minderheitenpolitik, Wiesbaden 2009, S.26.

Drittens ist hervorzuheben, dass es auch eine Internationalisierung der Bildung stattgefunden hat. Die Möglichkeit im Ausland zu studieren, bedeutet eine Möglichkeit sich auf dem internationalen Arbeitsmarkt zu etablieren. Die Internationalisierung der Bildung findet auch durch eine Konvergenz und Standardisierung der Ausbildungen statt. Die Bologna-Reform an den europäischen Universitäten ermöglicht, dass man Creditpoints an verschiedenen Universitäten und in verschiedenen Ländern sammeln kann. Dies gilt auch für den Abschluss von Bachelor- oder Masterstudium.

Selbstverständlich handelt es sich hier nur um eine Auswahl der Ursachen von Migration, und nicht alle treffen auf die Hochqualifizierten aus der Tschechischen Republik zu. Die persönlichen Schicksale sind zu vielfältig, um sie alle mit ein paar Faktoren eingrenzen zu können.

2.2. Migrationstheorien

Aufgrund der Globalisierung und der gesellschaftlichen Veränderungen ist das Thema der Eingliederung von Immigranten in den letzten Jahren stärker in den Fokus des sozialwissenschaftlichen Forschungsinteresses gelangt. Das Spektrum an neuen Publikationen und an unterschiedlichen Interpretationen sowie Erklärungsansätzen nimmt dadurch ständig weiter zu.

Im Folgenden soll ein Überblick zu wesentlichen Forschungslinien zum Thema Integration bzw. Akkulturation gegeben werden. Es geht in erster Linie darum, die wesentlichen theoretischen Differenzen herauszuarbeiten und relevante Ansätze hinsichtlich der Verwendbarkeit als theoretische Basis für die vorliegende Arbeit zu identifizieren.

2.2.1. Klassische Integrationstheorien

Bereits Klassiker der Sozialwissenschaften widmeten dem Forschungsbereich Integration ihre Aufmerksamkeit. Die Anfänge gehen auf Ravenstein[87] zurück, der versuchte, die Migration mit naturwissenschaftlichen Forschungsansätzen zu erklären. In den 20-er Jahren des 20. Jahrhunderts fanden die theoretischen Konzepte zur Integration ihren Ausgangspunkt in der

---

[87] Vgl. Ravenstein, 1889 zit. nach Han: Soziologie, 2000, S. 39f.

sogenannten Chicagoer Schule[88]. Vor allem ihre Hauptvertreter R. E. Park und E. W. Burgess mit dem „race-relation-cycle" Modell sind hier zu nennen. Das Modell, auch Assimilationsmodell genannt, geht von der Annahme aus, dass sich die Eingliederung in einem Phasenablauf ergibt. Nach der ersten Kontaktphase der unterschiedlichen ethnischen Gruppen kommt es zur Konkurrenz und zum Konflikt, und über die Phase des Arrangierens im Rahmen von Nischenbildung in der Phase der Assimilation endet.[89] Laut Park[90] entspricht dieses Modell einer unumkehrbaren Entwicklung, an deren Ende es zur Einebnung jeglicher kulturellen Unterschiede sowie zur Auflösung der ethnischen Identität kommt.

Diese anfangs weit verbreiteten Thesen der klassischen Assimilationsmodelle mussten sich im Laufe der Zeit immer wieder einer Kritik unterziehen.[91] Insbesondere der zyklische Phasenverlauf wurde durch empirische Beobachtungen widerlegt. Sie zeigen, dass die Eingliederung von Migranten weder unvermeidbar noch in jedem Falle progressiv verläuft.[92]

In den 60-er und 70-er Jahren des 20. Jahrhunderts entwickelten Shmuel N. Eisenstadt und Milton M. Gordon[93] ihre Migrationstheorien, mit denen sie sich von der den Assimilationskonzepten zu Grunde liegenden Vorstellung distanzierten. Im Rahmen ihrer Theorien führten sie Bedingungen an, die das Gelingen einer Integration sowohl von den Zuwanderern als auch von der Aufnahmegesellschaft abhängig machen. Doch in beiden Theorien ist kein anderer Ausgang der Anpassung an die Aufnahmegesellschaft vorhanden außer jener der Assimilation in die „core culture". Sowohl Eisenstadt als auch Gordon verstehen Assimilation als die Aufgabe der Migranten, Änderungen so zu vollziehen, dass die Gruppenexistenz und der Gruppenidentität zugunsten der vollständigen Anpassung an die Aufnahmegesellschaft durchgeführt wird.

Nach der Darstellung der klassischen Migrationstheorien wird die Assimilation als ein unumkehrbarer radikaler Prozess dargestellt, der nach Vollzug zu einer sozialen und kulturellen Homogenität der Gesellschaft führen sollte.

---

[88] Am Institut für Anthropologie und Soziologie an der University of Chicago wurde seit dem frühen 20. Jahrhundert die soziologische Chicagoer Schule betrieben, die sich auf die Forschungsarbeit mit Schwerpunkt u.a. Stadtsoziologie, Minderheiten- und Subkulturenstudien bezieht, In: www.wikipedia.de, Zugriff am 15.01.2011
[89] Vgl. Han: Soziologie, 2000, S. 42f.
[90] Vgl. Park, Robert E.: The Nature of Race Relation, In: Park, Robert E. (Hrsg.): Race und Culture, Glencoe, III., 1950, S. 115.
[91] Vgl. Treibel: Migration, 2003, S. 97.
[92] Vgl. Han: Soziologie, 2000, S. 44.
[93] Vgl. Eisenstadt, Shmuel Noah: The absorption of immigrants. London: Routledge & Kegan Paul Ltd 1954. Gordon, Milton M.: Assimilation in American Life. The Role of Race, Religion and National Origins. New York: Oxford University Press 1964.

Alba und Nee[94] setzten sich mit den Migrationstheorien detaillierter auseinander und kamen zum Ergebnis, dass die klassische Auffassung von Assimilation zwei Aspekte nicht beachtet. Zum einen zeigen sie im Bezug auf die Assimilationstheorie von Gordon auf, dass die amerikanische Aufnahmegesellschaft nicht sozial und kulturell homogen ist. Zum anderen gehen sie davon aus, dass eine Wechselbeziehung zwischen der ethnischen Zugehörigkeit der Einwanderer und der amerikanischen Gesellschaft bestehen muss[95], was folglich zu einer Anpassung beider Gruppen (Einwanderer und Einheimische) aneinander führen sollte. Diese Kritik an den klassischen Assimilationstheorien bestätigen Alba und Nee mit einem empirischen Beweis, dass im Jahre 2000 in Los Angeles 45% der Bevölkerung Hispanier, 12% Asiaten und nur 31% Euro-Amerikaner waren. Eine Assimilation an die Mehrheitsgesellschaft (Euro-Amerikaner) ist hiermit praktisch unwahrscheinlich, da die Euro-Amerikaner zahlenmäßig keine Mehrheitsgesellschaft mehr darstellen. Die USA sind im Vergleich zu europäischen Nationalstaaten ein Sonderfall, da sie historisch eher als traditionell multiethnisch anzusehen sind.

Einen weiteren Kritikpunkt beschreibt Nauck[96] mit dem Phänomen „ethic revival" bei türkischen Migrantensöhnen. Er kommt zu dem Ergebnis, dass die türkischen Migrantensöhne sowohl höhere ökonomisch-utilitaristische Erwartungen als auch stärkere normative Geschlechtsrollenorientierungen und stärkere Kontrollüberzeugungen als ihre Väter haben. Dies deutet darauf hin, dass die Väter sich aufgrund utilitaristische Erwartungen an Kinder an die Aufnahmegesellschaft im Sinne klassischer Assimilationstheorien annähern, während ihre Söhne sich von der Aufnahmegesellschaft in dieser Hinsicht distanzieren. Das Phänomen des *ethic revival* wird in den klassischen Migrationstheorien nicht angesprochen.

Da die klassischen Migrationstheorien nicht mehr im Einklang mit einigen empirischen Befunden standen, war eine Erweiterung bzw. eine Ergänzung derer notwendig. Während sie noch von einem linearen Anpassungsprozess an die Aufnahmegesellschaft ausgehen, wird dies in den neueren Migrationstheorien nicht mehr angenommen. Die neueren Migrationstheorien beschäftigen sich vor allem mit den veränderten Bedingungen der Migration, welche durch den Strukturwandel der kapitalistischen Gesellschaft im 20. Jahrhundert bewirkt wur-

---

[94] Vgl. Alba, Richard/ Nee, Victor: Assimilation und Einwanderung in den USA, In: Bade, Klaus J./Bommes, Michael (Hrsg.): Migration – Integration – Bildung. Grundfragen und Problembereiche, IMIS-Beiträge, Osnabrück 2004, H. 23, S. 25f.
[95] Vgl. Alba, Richard/ Nee, Victor: Assimilation und Einwanderung in den USA, In: Bade, Klaus J./Bommes, Michael (Hrsg.): Migration – Integration – Bildung, S. 26.
[96] Vgl. Nauck, Bernhard: Eltern-Kind-Beziehungen in Migrantenfamilien- ein Vergleich zwischen griechischen, italienischen, türkischen und vietnamesischen Familien in Deutschland, In: Bundesministerium für Familie, Frauen und Jugend (Hrsg.): Expertisen zum sechsten Familienbericht, Band 1: Familien ausländischer Herkunft in Deutschland. Empirische Beiträge zur Familienentwicklung und Akkulturation, Opladen: Leske + Budrich 2000, S. 383.

den.

Das erweiterte Migrationsmodell von Esser und die neue Perspektive von Berry wird im Folgenden veranschaulicht.[97]

2.2.2. Neuere Migrationstheorie von Esser

Hartmut Esser gehört mit seiner im Jahr 1980 veröffentlichten Habilitation mit dem Titel „Aspekte der Wanderungssoziologie" zu den bekanntesten und vielzitierten Theoretikern in der Soziologie des deutschsprachigen Raumes. Esser beschäftigt sich in seiner Theorie sowohl mit makrosozialen Rahmenbedingungen und deren Folgen für Migranten als auch von einer mikrosoziologischen Ebene ausgehend mit der Eingliederung von Personen in ein Gesellschaftssystem und versucht, empirische Ansätze zu integrieren. Er spricht bei Prozessen der Re-Sozialisierung und Re-Organisation von Eingliederung und geht von der Annahme aus, dass alle sozialen Prozesse im Rahmen der Migration aus dem interessengeleiteten Handeln von Individuen hervorgehen, die gleichzeitig von Umgebungspotentiale beeinflusst sind.[98] Des Weiteren schließt er in die Betrachtung seiner Theorie die Wahrnehmungen und die Bewertungen der handelnden Personen ein.[99]

Laut Esser ist Integration kein eindimensionaler Prozess. Er gliedert den Prozess der Integration in Anlehnung an amerikanische Vorbilder in vier Dimensionen: kognitive (kulturelle Assimilation), soziale (Interaktion mit Einheimischen), strukturelle (Positionierung in verschiedenen Strukturen durch den Akteur)[100] und identifikative (Identifizierung mit den Umständen in der Aufnahmegesellschaft). Diese vier Dimensionen haben eine kausale Beziehung, indem sie sich in ihren Ausprägungen gegenseitig verstärken oder abschwächen können.

Die Assimilationsthese wird folgendermaßen begründet: Die kognitive, insbesondere die sprachliche Assimilation geht der strukturellen Assimilation, sprich Chancengleichheit, voraus. Kognitive und strukturelle Assimilation bedingen sich gegenseitig und beide bilden die Voraussetzung für die soziale und - schließlich die letzte Phase - die identifikative Assimilati-

---

[97] Weiterhin wurden andere neue Theorien entwickelt, in denen sich ein Paradigmenwechsel manifestierte: Assimilation, ethnisch plurale Gesellschaft, Migration von Frauen, Transnationalismus, Migration aus der Sicht der Systemtheorie und der Wirtschaftswissenschaften. Diese hier näher zu erwähnen würde den Rahmen der Arbeit sprengen.
[98] Vgl. Esser: Aspekte, 1980, S. 20.
[99] Ebda., S. 23.
[100] Esser misst dem Einbezug des Akteurs in eine Gesellschaft eine hohe Bedeutung bei, da über diesen Vorgang eine Person in ein bereits bestehendes und mit Positionen versehenes soziales System eingegliedert wird.

on. Der Migrant kann nach jedem Assimilationstyp seine Adaptation in die Aufnahmegesellschaft unterbrechen. Daraus ist ersichtlich, dass die Assimilation in das Aufnahmesystem nicht vollständig vollzogen sein muss. Der Grad der Assimilation reicht von „nicht assimiliert" bis „vollständig assimiliert", wobei dieser von den individuellen Ressourcen und den vorgefundenen Opportunitätsstrukturen abhängt.101

Esser stellt die „Assimilation" also den „Zustand der Ähnlichkeit" des Einwanderers mit der Aufnahmegesellschaft als zentrale Erklärungsdimension des Eingliederungsprozesses in den Mittelpunkt seiner Analysen. *„Die Sozialintegration in die Aufnahmegesellschaft ist [...] eigentlich nur in der Form der Assimilation möglich"*102 Dadurch beschränkt sich der Gültigkeitsbereich seiner Theorie auf „ethnisch zum Aufnahmesystem unterschiedliche Personen".103 Diese Beschränkung lässt auch einen bedeutsamen Aspekt außer Betracht. Es handelt sich um die Möglichkeit der Existenz von Anpassungsprozessen einer Mehrheit an eine zugewanderte Minderheit. Schon 1959 hat in Deutschland der Sozialpsychologe und Austauschforscher Dieter Dancwortt darauf hingewiesen:

*„Internationaler Kontakt ist keine Einbahnstraße. Die Beeinflussung geht in zwei Richtungen, und auch der Gastgeber wird von seinem Gast beeinflusst."*104

Laut Esser bildet Segregation der Migranten den Gegenpol zu Integration. Segregierte Minderheiten sind ausgegrenzte Gruppen und können als solche nicht am Leben der dominierenden Gesellschaft teilnehmen. Demzufolge kann eine gelungene Integration – d.h. Chancengleichheit im Bildungssystem, auf dem Arbeitsmarkt, beim Zugang zu wichtigen Institutionen, auch beim Zugang zu den Medien – nur erfolgen, wenn sich die Minderheiten kulturell assimilieren.[105]

Diese Integrationstheorie betrachten die Soziologen Rainer Geißler und Horst Pöttker[106] angesichts der Entwicklung von modernen multikulturellen Gesellschaften als nicht mehr akzeptabel. Denn Integration darf nicht die vollkommene Abschaffung von kultureller Identität bedeuten und dies auch in normativer Perspektive nicht verlangen. Geißler und Pöttker weisen ebenso darauf hin, dass es heute mit dem Konzept der *interkulturellen Integration*[107]

---

[101] Vgl. Esser: Aspekte, 1980, S. 35f.
[102] Zit. nach Esser, Hartmut: Integration und ethnische Schichtung, In: Arbeitspapiere Mannheimer Zentrum für Europäische Sozialforschung (Bd. 40). Mannheim 2001, S. 36, In: http://www.mzes.uni mannheim.de/publications/wp/wp-40.ppppppppppdf, Zugriff am: 13.03.2011.
[103] Vgl. Esser: Aspekte, 1980, S.13.
[104] Zit. nach Danckwortt, Dieter: Probleme der Anpassung an eine fremde Kultur – eine sozialpsychologische Analyse der Auslandsausbildung, Carl-Duisberg-Gesellschaft für Nachwuchsförderung e.V., Köln 1959, S. 187.
[105] Vgl. Geißler, Reiner/Pöttker, Horst (Hrsg.): Mediale Integration von Migranten. Ein Problemaufriss, In: Integration durch Massenmedien. Mass Media-Integration, Bielefeld 2006, S. 18.
[106] Ebda., S. 18f.
[107] Ebda., S. 19.

gearbeitet wird. Dieses Konzept betrachten die beiden Soziologen als einen Mittelweg zwischen Assimilation und Segregation, der auch Gemeinsamkeiten und Unterschiede zum Konzept der assimilativen Integration aufweist und nach *„einer ausgewogenen Balance zwischen dem Recht der Minderheiten auf gleichberechtigte und gleichwertige kulturelle Differenz und der Forderung der Mehrheit nach (partieller) Akkulturation und Anpassung"*[108] sucht. Auf den Begriff der interkulturellen Integration in Bezug auf die Hochqualifizierten tschechischer Herkunft wird im Schlussteil dieser Arbeit genauer eingegangen.

Das vorgestellte Assimilationsmodell von Esser aus dem Jahr 1980 könnte den klassischen Migrationstheorien zugeordnet werden, da er ähnlich wie Gordon das Ende eines jeden Migrationsprozesses durch einen bestimmten Grad an Assimilation beschreibt. In den Jahren 1990 und 2000 erweiterte Esser seine Theorie, indem er seine Sozialintegration (Mehrfachintegration, Assimilation, Segmentation, Marginalisierung) ausdifferenzierte. Durch diese Erweiterung erscheint es gerechtfertigt, Essers Migrationstheorie auch den neueren Migrationstheorien zuzuordnen. In der erweiterten Analyse generiert er zwei dichotome Dimensionen: Die sozial-strukturelle Assimilation steht der sozial-kulturellen Pluralisierung, Segmentation oder Marginalisierung gegenüber. Daraus entwickelt Esser eine weitere Grundannahme: Ethnokultureller Pluralismus erzeugt ethnische Schichtung, dies bedeutet: ethnokultureller Pluralismus und strukturelle Assimilation/Integration seien nicht miteinander vereinbar. Daraus zieht Esser den folgenden Schluss: *„Die multiethnische Gesellschaft in der Form einer multikulturellen Gesellschaft [...] ist allem Anschein nach nichts als ein schöner Traum."*[109]

An dieser Stelle muss darauf hingewiesen werden, dass Esser seine *„allgemeine Theorie"* ausschließlich anhand zweier Migrationsgruppen in einer Mehrheitsgesellschaft entwickelt hat. Dies waren die Gruppen der ArbeitsmigrantInnen aus der Türkei und aus dem ehemaligen Jugoslawien in Deutschland.[110] Es stellt sich die Frage, ob diese Theorie ihren Anspruch auf Allgemeingültigkeit gerecht werden kann und ob sie für die Eingliederung von AkademikerInnen geeignet ist, die unter völlig anderen Rahmenbedingungen in Deutschland eingewandert sind, einen speziellen Rechtsstatus haben und die sich auch in Bezug auf ihr Bildungsniveau stark von den seit Mitte der 50er Jahre des 20. Jahrhunderts angeworbenen ausländischen Arbeitnehmern (den sogenannten „Gastarbeitern") unterscheiden.

---

[108] Zit. nach ebda., S. 19f.
[109] Zit. nach Esser: Integration und ethnische Schichtung, 2001, S. 36.
[110] Esser räumt ein, dass seine theoretische Überlegungen das „Nebenprodukt eines empirischen Forschungsprojektes (...) [über] die sozialen und kulturellen Bestimmungsgründe des Verhaltens ausländischer Arbeitnehmer" sind, In : Esser: Aspekte, 1980, S.11.

2.3. Akkulturation

Ausgehend von den oben genannten Definitionen von Akkulturation[111] wird verdeutlicht, welche unterschiedlichen Ansichten es in der Forschung bezüglich des Konzepts der Akkulturation und die damit verbundene Kontroverse über Dimensionalität von Akkulturation gibt.

2.3.1. Dimensionen der Akkulturation

In den früheren Arbeiten zu Akkulturationsprozessen (siehe Gordon, 1964) lag ein eindimensionales Konzept von Akkulturation zugrunde, d.h. es handelte sich dabei um einen einseitigen Anpassungsprozess der Herkunftskultur an die Aufnahmekultur. Dieser Betrachtungsweise entsprechend kann Akkulturation mit Assimilation gleichgesetzt werden.[112]
Dem eindimensionalen Akkulturationsmodell steht ein zweidimensionales Konzept von Akkulturation gegenüber, der aus der Kritik entstand, dass die Annäherung an die Aufnahmekultur nicht gleichzeitig automatisch einen Verlust der Herkunftskultur bedeuten muss.[113] Es handelt sich dabei um zwei voneinander unabhängige Prozesse. Demnach ist es für Individuen möglich in Bezug auf eine, beide oder keine der beiden Kulturen akkulturiert zu sein.[114]

Eindimensionale Modelle gingen davon aus, dass eine schnelle Übernahme der Mehrheitskultur dazu führt, die Identitäts-, Werte- und Normenkonflikte auf Seiten der Minderheit zu vermeiden, und damit zu einer erfolgreichen Anpassung der Migranten beiträgt.[115] Zweidimensionalen Modellen liegt die Erfahrung zugrunde, dass eine einseitige Anpassung an die Aufnahmekultur bei gleichzeitiger Aufgabe der Herkunftskultur zu Stress, niedrigem Selbst-

---

[111] Siehe Kapitel 1.4. in dieser Arbeit.
[112] Vgl. Schönpflug, Ute/Phalet, Karen: Migration und Akkulturation, In: Trommsdorff, Gisela/Kornadt, Hans Joachim (Hrsg.): Anwendungsfelder der kulturvergleichenden Psychologie, 1-48, Göttingen: Hogrefe 2007, S. 12.
[113] Vgl. Berry, John W.: Psychology of akkulturation, In: Brislin, Richard W. (Hrsg.): Applied cross cultural psychology, London: Sage 1990, S. 232ff.
Vgl. Birman, Dina: Acculturation and human diversity in a multicultural society, In: Trickett, Edison J./ Watts, Roderic J./Birman, Dina (Hrsg.): Human diversity. Perspectives on people in context, San Francisco: Jossey-Bass 1994, S. 261ff.
Vgl. LaFromboise, Teresa et al (Hrsg.): Psychological Impact of Biculturalism: Evidence and Theory. Psychological Bulletin, 114. Jg. (1993), H. 3, S. 395ff.
[114] Siehe Akkulturationsmodell von Berry in der vorliegenden Arbeit.
[115] Vgl. Horenczyk, Gabriel/Ben-Shalom, Uzi: Multicultural identities and adaptation of young immigrants in Israel, In: Shimahara, N. Ken/Holowinsky, Ivan Z./Tomlinson-Clarke, Saundra (Hrsg.): Ethnicity, race, and nationality in education. A global perspective, London: Lawrence Erlbaum 2001, S. 57ff.

wert und Leistungsdefiziten auf Seiten der akkulturierenden Gruppe führen kann.[116] Diese neueren Modelle vertreten die Einsicht, dass es für die Minderheiten vorteilhaft ist, sich einerseits mit der eigenen Herkunftskultur zu identifizieren und andererseits an der Aufnahmekultur teilzuhaben. Implizit betonen die zweidimensionalen Modelle, dass Bikulturalismus bzw. die Integration beider Kulturen der adaptivste Akkulturationsstil ist.[117] Der Kontakt zu beiden Kulturen fördert die Flexibilität und Wahlmöglichkeit einer Person und erhöht das Ausmaß der verfügbaren kulturellen Ressourcen und sozialen Unterstützung.

2.3.2. Entwicklung von Forschungsansätzen zur Akkulturation

Die zeitgenössische Akkulturationsforschung unterscheidet drei theoretische Hintergründe:[118]
- Akkulturation als Stress-Bewältigungsansatz
- Akkulturation als kulturelles Lernen
- Akkulturation als Identifikationsprozess

Der Stress-Bewältigungsansatz bezieht sich auf den bekannten allgemein-psychologischen Stress-Bewältigungsmodell[119] und geht davon aus, dass die Migration durch den Wechsel in eine neue Kultur eine kritische Lebensphase darstellt und dies sich je nach Bewältigungskompetenz auf Wohlbefinden, Lebenszufriedenheit und gesundheitlichen Zustand der Migranten auswirken kann.[120] Der kultureller Lernansatz analysiert die Anpassungsprozesse, die auf der Ebene des Verhaltens unter der Bedingungen des Kulturkontakts stattfinden. Der Ansatz geht davon aus, dass der Erwerb von neuen Fähigkeiten, Kenntnissen, Fertigkeiten für die Bewältigung der Interaktion und Kommunikation im neuen kulturellen Kontext unabdingbar ist.[121] In diesem Zusammenhang spricht man von einer soziokulturellen Anpassung einer Person.[122] Bei dem Identifikationsansatz liegt der Fokus bei der Selbstzuordnung eines Individuums zur kulturellen Herkunftsgruppe und/oder zur kulturellen Gruppe des Aufnahmelandes, was im Zusammenhang mit individuellen bzw. gruppenspezifischen Akkulturationsorientierungen

---

[116] Vgl. Birman: Acculturation, In: Trickett, Edison J. et al., 1994, S. 265f.
[117] Vgl. Horenczyk/Ben-Shalom: Multicultural identities, 2001, S. 62f.
[118] Vgl. Schönpflug: Migration, 2003, S. 521ff.
[119] Auch Copingstrategie genannt. Vgl. Lazarus, Richard S./Folkman, Susan: Stress, appraisal, and coping, New York: Springer 1984.
[120] Vgl. Lazarus/Folkman: Stress, 1984, S. 31f.
[121] Vgl. Ward, Collen/Bochner, Stephen/Furnham, Adrian: The psychology of culture shock, 2. Aufl., Hove, UK: Routledge 2001, S. 65.
[122] Vgl. Berry, John W.: Immigration, acculturation and adaptation. Applied Psychology, In: International Review 46. Jg. (1997), H. 1, S. 56.

steht.[123] Da diese Forschungsrichtung von besonderem Interesse für die vorliegende Arbeit ist, wird sie anhand von theoretischen Grundlagen zur Entwicklung kultureller Identität[124] im Hinblick auf die Akkulturation und kulturelle Identität dargestellt.

2.3.3. Akkulturationstheorie von Berry

Das verbreitetste zweidimensionale Akkulturationsmodell stammt vom kanadischen Psychologen und Migrationsforscher John W. Berry und seinen Mitarbeitern.[125] Unter Akkulturation verstehen die Autoren die Veränderung der gebrachten Kulturmuster von Migrantengruppen oder -individuen aufgrund des fortgesetzten direkten Kontakts mit der Aufnahmegesellschaft.[126]

Berry differenziert, aufbauend auf der Arbeit von Graves[127,] zwischen der Akkulturation auf individueller Ebene und Akkulturation auf Gruppenebene.[128] Die Anpassung von Migranten an eine neue Kultur, Annahme oder Ablehnung dieser bringt psychische Veränderungen mit sich. Berry nennt diese Anpassung „psychologische Akkulturation", die als ein individueller Prozess betrachtet wird.[129] Laut Berry beschreibt der Begriff „psychologische Akkulturation" die Erfahrungen der Immigranten als den Prozess der Veränderung von Individuen, wobei die Individuen einerseits durch den Kontakt mit einer anderen Kultur beeinflusst und andererseits durch die gesamten akkulturativen Veränderungen betroffen sind, die in der eigenen Kultur stattfinden.[130]

Auf Gruppenebene bedeutet Akkulturation die Veränderung von sozialen, ökonomischen und politischen Strukturen sowie Einstellungen des Aufnahmesystems zu den Migranten, während Akkulturation auf individueller Ebene Veränderungen von Identität, Einstellungen und Werten bewirken.[131] Wenn sich die Akkulturation auf der Gruppenebene durch sozialen, ökonomischen und politischen Veränderungen auszeichnet, führt die Akkulturation auf der individuellen Ebene zu Änderungen im Verhalten, zu akkulturativem Stress und zu psychopathologi-

---

[123] Vgl. Schönpflug/Phalet: Migration und Akkulturation, 2007, S. 23f.
[124] Siehe Kapitel 2.4.3. in dieser Arbeit.
[125] Vgl. Berry, John W.: Acculturation as varieties of adaptation, In: Padilla, Amado M. (Hrsg.): Acculturation: Theory, models and some new findings, Colorado: Westview 1980, S. 9ff.
[126] Vgl. Berry: Psychologie of acculturation, In: Brislin, R. (Hrsg.), 1990, S. 232f.
[127] Vgl. Graves: Psychological acculturation, 1967.
[128] Siehe Abbildung 2 in dieser Arbeit, S.37.
[129] Vgl. Berry: Psychologie of acculturation, In: Brislin, R. (Hrsg.), 1990, S. 235.
[130] Vgl. Berry: Psychologie of acculturation, In: Brislin, R. (Hrsg.), 1990, S. 236f.
[131] Vgl. Berry, J. W.: Acculturation and Psychological Adaption, In: Bade, Klaus J. (Hrsg.), 1996, S. 177.

schen Änderungen.[132] Der Akkulturationsprozess ist als variabel anzusehen, da er von persönlichen Eigenschaften, von der Gruppenentwicklung sowie von moderierenden Faktoren beeinflusst wird. Die moderierenden Faktoren, die vor und während der Akkulturation bestehen, können je nach Ausprägung Risiko- oder Schutzfaktoren sein.[133] Zu den vor der Akkulturation wirkenden Faktoren zählen Alter, Geschlecht, Erziehung, Migrationsmotivation, Erwartungen, Aspekte der Persönlichkeit sowie Bildung. Letztere ist mit dem wirtschaftlichen Status eng verbunden ist, der ebenfalls eine bedeutende Rolle im Akkulturationsprozess spielt. Moderierende Faktoren während der Akkulturation sind dessen Aufenthaltsdauer, Akkulturationsorientierungen, soziale Unterstützung der Familie, gesellschaftliche Einstellungen, und Spracherwerb.[134] Der Akkulturationsprozess ist beendet, wenn eine langfristige Anpassung an die Gesellschaft eintritt. Berry[135] unterscheidet die langfristige Anpassung in die psychologische, die soziokulturelle und ökonomische Anpassung.[136] Die psychologische Anpassung schreibt Berry einem Zustand zu, in dem die Migranten sich gefühlmäßig in die neue Aufnahmekultur eingelebt haben und gewisse Zufriedenheit mit dem Aufnahmeland aufweisen. Unter der soziokulturellen Anpassung versteht er das Zurechtfinden und die Bewältigung in den alltäglichen Bereichen, z.B. Familie, Schule und Beruf, während bei der ökonomischen Anpassung der Aspekt eines effektiven Handels im neuen soziokulturellen Kontext hinzukommt.

---

[132] Ebda., S. 179ff.
[133] Vgl. Berry: Immigration, 1997, S. 11.
[134] Vgl. Berry: Acculturation, In: Bade, Klaus J. (Hrsg.), 1996, S. 180f.
[135] Vgl. Berry: Immigration, 1997, S. 12.
[136] Ebda, S. 12ff.

Abbildung 2: Schematisierte Modellvorstellung von Akkulturation

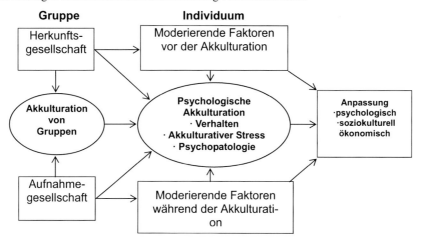

Quelle: Vereinfachte Darstellung nach Berry: Immigration, 1997, S. 15.

Für die langfristige Anpassung konstruierten Berry et al.[137] ein Modell, das von zwei zugrundeliegenden Dimensionen ausgeht: Die eine Dimension bezieht sich auf die Bewahrung bzw. Weiterentwicklung der eigenen kulturellen Distinktheit (*culture maintenance*). Dabei geht es um die Frage, ob und wie stark der Wunsch besteht, in kultureller Hinsicht so weiter zu bestehen wie bisher und die kulturelle Identität, beispielsweise Sprache und Lebensgewohnheiten, beizubehalten. Die beiden Pole dieser Dimension sind einerseits der Wunsch nach völliger Beibehaltung der kulturellen Eigenschaften der eigenen Gruppe, andererseits der Wunsch nach einer Aufgabe der eigenen Kultur und einem Aufgehen in der neuen Gesellschaft.

Die andere Dimension bezieht sich auf das Ausmaß des gewünschten Kontakts mit der anderen Gruppe (*intergroup contact*). Diese Dimension kann theoretisch variieren von einem Wunsch nach täglicher Interaktion mit der anderen Gruppe bis hin zu einer völligen Abkehr von ihr.[138]

Wenn zwei Kulturen miteinander in Kontakt treten, beeinflussen sie einander wechselseitig. Meistens unterscheiden sich die beiden Gruppen hinsichtlich der Macht, die sie in Bezug auf die Gestaltung des Zusammenlebens ausüben können. In der „typischen" Situation eines Immigrationskontextes kommt eine kleinere Immigrationsgruppe (*non-dominante Gruppe*) in

---

[137] Vgl. Berry, John W. et al (Hrsg.): Cross-cultural psychology: Research and applications. Cambridge: Cambridge University Press 1992.
[138] Vgl. Berry, John W. et al (Hrsg.): Cross-cultural psychology, S. 278.

eine autochthone Gesellschaft, wobei sie in den meisten Fällen statusniedriger ist als die gastgebende Gruppe (*dominante Gruppe*).[139] Im Laufe des Akkulturationsprozesses sind die stattfindenden Veränderungen für die beiden Gruppen unterschiedlich stark. Für die Mitglieder der non-dominante Gruppe beziehen sich die Akkulturationsstrategien auf die Veränderung des *eigenen Verhaltens*. Sie sind vor die Frage gestellt, inwieweit sie ihre eigenen Werte aufgeben und die der dominanten Gruppe partizipieren. Auf der Seite der dominanten Gruppe hingegen stellt sich die Frage, ob und wieweit die Mitglieder akzeptieren, dass die *andere Gruppe* weiterhin nach ihren Traditionen lebt. Durch das Zusammenleben mit den Immigranten verändert sich auch die ursprüngliche Kultur der gastgebenden Gesellschaft, doch die auf ihrer Seite stattfindenden Veränderungen sind geringer. Die dominante Gruppe fordert von der immigrierenden Gruppe die Anpassung an die bestehenden kulturellen Normen und Werte ihrer Gesellschaft. Des Weiteren kann konstatiert werden, dass die Dimension „Kontakt" eine unterschiedliche Rolle für die Mitglieder der beiden Gruppen hat. Für die Mitglieder der dominanten Gruppe ist der Kontakt weniger salient, da in den meisten Fällen kein täglicher Kontakt stattfindet, während für die Mitglieder der non-dominanten Gruppe der Kontakt ein wesentlicher Bestandteil des Alltags ist.[140]

In dem Modell von Berry[141] werden genau diese Akkulturationsprozesse durch eine Kombination der beiden Dimensionen „Wunsch nach Beibehaltung der eigenen Kultur" und „Kontaktwunsch mit der anderen Gruppe" abgebildet. Somit ergeben sich vier verschiedene Akkulturationsstrategien, die an dieser Stelle aus der Perspektive der beiden (non-dominanten und dominanten) Gruppen kurz charakterisiert werden. Die vorliegende Arbeit konzentriert sich jedoch nur auf die Akkulturationseinstellungen der non-dominanten Gruppe.

Die vier Akkulturationsstrategien lassen sich nach Berry durch die Fragen „Wird es als wichtig erachtet, in Kontakt zu der dominanten Gesellschaft zu stehen?" und „Wird es als wichtig erachtet, die kulturelle Identität und die kulturellen Charakteristiken der Herkunftskultur beizubehalten?" unterscheiden. Eine Ja/Nein Antwort weist den Migranten einer der vier Akkulturationsstrategien zu. Es handelt sich dabei um die Integration, Assimilation, Separation und Marginalisation. Dementsprechend sind vier Migrantentypen zu definieren: Integrierte, Assimilierte, Separierte und Marginalisierte.

Aus der Perspektive der dominanten Gruppe beziehen sich die Einstellungen auf das von der non-dominanten Gruppen erwünschte bzw. erwartete Verhalten. Sie werden dann demselben

---

[139] Vgl. Piontkowski, Ursula/Florack, Arndt/Hoelker, Paul/Obdrzalek, Peter: Predicting acculturation attitudes of dominant and non-dominant groups, In: International Journal of Intercultural Relations, 24. Jg. (2000), S. 14ff.
[140] Ebda., S. 16f.
[141] Vgl. Berry: Acculturation, In: Padilla (Hrsg.), 1980, S. 11ff.

4-Felder Modell folgend entsprechend als *Integration, Assimilation, Segregation und Exklusion* bezeichnet.

Abbildung 3: Die Akkulturationstrategien von Berry

Dimension 1: Non-dominante Gruppe (ND): Wird es als wertvoll betrachtet, dass die eigene Gruppe ihre kulturelle Eigenständigkeit behält?

Dominante Gruppe (D): Wird es als wertvoll betrachtet, dass die andere Gruppe ihre kulturelle Eigenständigkeit behält?

	JA	NEIN
Dimension 2: Wird es als wertvoll betrachtet, Kontakt zur anderen Gruppe aufrechtzuerhalten? (ND und D) — JA	INTEGRATION	ASSIMILATION
NEIN	SEPARATION(ND) SEGREGATION(D)	MARGINALISATION(ND) EXKLUSION(D)

Quelle: Berry, John W. et al (Eds.): Cross-cultural psychology, 1992, S. 278.

Wird *Integration* verfolgt, so besteht sowohl der Wunsch nach Aufrechterhaltung der eigenen Kultur als auch der nach Interaktion mit der anderen Gruppe.

Für die dominante Gruppe bedeutet eine *Integrationseinstellung*, dass ihre Mitglieder den Kontakt zur non-dominanten Gruppe befürworten und ihr so eine vollständige Teilnahme am öffentlichen Leben ermöglichen. Gleichzeitig wird die kulturelle Eigenständigkeit der non-dominanten Gruppe als wertvoll betrachtet, so dass die dominante Gruppe die non-dominante Gruppe nicht am Beibehalten ihrer kulturellen Eigenarten hindern wird.

Möchte ein akkulturierendes Individuum seine Kultur und Identität nicht aufrechterhalten und sucht dabei den Kontakt mit der dominanten Gruppe, so liegt die Strategie *Assimilation* vor.

Bei einer *Assimilationseinstellung* der dominanten Gruppe werden zwar Beziehungen zur non-dominanten Gruppe angestrebt, aber der Erhalt der kulturellen Eigenständigkeit der anderen Gruppe nicht befürwortet. Stattdessen sollen Mitglieder der non-dominanten Gruppe die kulturellen Werte und Normen der dominanten Gruppe übernehmen.

Besteht hingegen der Wunsch, die eigene Kultur aufrecht zu erhalten und gleichzeitig die Interaktion mit der anderen Gruppe zu vermeiden, wird dies als *Separation* bezeichnet.
Will die dominante Gruppe keine Beziehungen zur non-dominanten Gruppe aufnehmen, akzeptiert aber, dass die non-dominante Gruppe ihre kulturelle Eigenschaft behält, handelt es sich um *Segregation.*

Die Option *Marginalisierung* liegt schließlich vor, wenn weder Interesse an einer Aufrechterhaltung der eigenen Kultur noch der Wunsch nach Beziehungen mit der anderen Gruppe bestehen.
Stößt sowohl der Kontakt der dominanten Gruppe zur non-dominanten Gruppe als auch deren kulturellen Eigenständigkeit auf Ablehnung, bedeutet diese Akkulturationseinstellung die *Exklusion.*[142]

Ein großer Vorteil des Akkulturationskonzepts liegt in seiner Multidimensionalität, indem es die eindimensionalen Assimilationsmodelle überwindet, die allesamt auf der Annahme basieren, dass Assimilation das unvermeidliche Endergebnis von Kulturkontakten und es somit nur eine Frage der Zeit ist, wann und wie dies zum Ausdruck kommt. Berry bereichert die klassischen Migrationstheorien, indem er den Anpassungsprozess psychologisch betrachtet und um die Dimension Aufnahme von Beziehungen zu anderen Gruppen erweitert. Bourhis et al.[143] revidieren den Akkulturationsansatz von Berry, indem sie die Umformulierung der Leitfrage zur zweiten Dimension beheben, und zwar lautet die Frage, ob es als wertvoll erachtet wird, die kulturelle Identität der aufnehmenden Gesellschaft zu übernehmen.[144] Dadurch aber, dass in beiden Dimensionen die kulturelle Identität der Migranten erhoben wird, rückt die Identifikation der Migranten in das Zentrum des Interesses und die Typologie wirkt eindimensional.

---

[142] Vgl. Berry et al.: Cross-cultural psychology, 1992, S. 279ff.
Vgl. Van Dick, Rolf et al: Einstellungen zur Akkulturation: Erste Evaluation eines Fragebogens an sechs deutschen Stichproben. Gruppendynamik, 28. Jg. (1997), S. 85ff.
[143] Vgl. Bourhis, Richard Y. et al.: Immigration und Multikulturalismus in Kanada: Die Entwicklung eines interaktiven Akkulturationsmodells, In: Mummendey, Amelie/Simon, Bernd (Hrsg.): Identität und Verschiedenheit. Zur Sozialpsychologie der Identität in komplexen Gesellschaften, Bern, Göttingen, Toronto, Seattle: Huber 1997..
[144] Ebda., S. 89f.

Eine weitere Veränderung des Modells von Berry betrifft die Unterteilung der Marginalisierungsstrategie in Anomie und Individualisierung.[145] Anomie stellt laut dieser Autoren eine problematische Strategie dar, da beide Kulturen abgelehnt werden, was zu keiner Anpassung an eine Gesellschaft führen kann. Eine Neutralisierung des Gefühls der Anomie könnte die Schaffung einer neuen sozialen Identität als Einwanderer sein, die sich sowohl von der einheimischen als auch der Identität des Aufnahmelandes unterscheidet.

Die Individualisierten dagegen lehnen von vornherein die Gruppenzuschreibung ab und behandeln auch andere als Individuen statt in ihnen Vertreter gruppaler Kategorien zu sehen. Für Individualisierer zählen die persönlichen Merkmale mehr als die Zugehörigkeit zu einer bestimmten Gruppe.[146]

Die Akkulturationstheorie von Berry ist als Metatheorie konzipiert.[147] Dies wird vor allem durch die verschieden Ansätze deutlich, aus denen sich die Theorie zusammensetzt, und zwar das Konzept des Social Science Research Council (1954) und das Konzept von Graves (1967). Der psychologische Akkulturationsprozess ist an das psychologische Stressmodell von Lazarus und Folkmann (1984) angelehnt.

Des Weiteren definieren Berry et al. die Akkulturationsstrategien im Gegensatz zu Esser[148] als kontextabhängig. Esser versteht seine Akkulturationsstrategien als bereichsübergreifend und global, während Berry et al. davon ausgehen, dass Vermischungen sowie Verschiebungen der Strategien zwischen privaten und öffentlichen Räumen möglich sind. Es kann z.B. im privaten Kreis die Separation als Akkulturationsstrategie verfolgt werden, während im Berufsumfeld eine Integrationsstrategie ausgeübt wird. Die Eingliederung in eine Akkulturationsstrategie wird zudem auch von dem nationalen Kontext, welcher sich ebenso im Laufe der Zeit verändern kann (Einbürgerung), bestimmt. Die dominante Mehrheitsgesellschaft kann auch mitentscheiden, welche Rolle der Migrant in seinem Leben einnehmen soll. Mit der Länge des Aufenthalts kann sich zudem das Muster verschieben. Man kann hier nicht von einem generellen Ablaufmodell oder einer Altersgrenze sprechen, in der eine bestimmte Strategie gewählt wird.[149]

---

[145] Vgl. Bourhis, Richard Y. et al.: Immigration und Multikulturalismus in Kanada., S. 91.
[146] Vgl. Bourhis et al.: Immigration, In: Mummendey, 1997, S. 96.
[147] Vgl. Lazarus, Richard S.: Acculturation Isn't Everything, In: Applied Psychology, Volume 46 (1). Jg. (1997), S. 40.
[148] Vgl. Esser, Hartmut: Soziologie. Spezielle Grundlagen: Die Konstruktion der Gesellschaft (Bd. 2). Frankfurt a.M.: Campus Verlag 2000.
[149] Vgl. Berry: Acculturation, In: Bade Klaus J. (Hrsg.), 1996, S. 174.

Die größte Schwäche des Akkulturationskonzepts liegt in der Unklarheit über die Wirkrichtung als Modellvariable. Dies äußert sich bereits durch den synonymen Gebrauch der Begriffe *Akkulturationsstrategien*[150], *Akkulturationsorientierungen*[151] oder *Einstellungen zur Akkulturation*[152] Die Theorie lässt offen, ob die Akkulturationsstrategien tatsächlich die Funktion bewusster handlungsorientierender Strategien besitzen oder auch als Reaktion auf die bisherige Akkulturationserfahrung zu verstehen sind. Berry und Bouhris argumentieren eindeutig in die erste Richtung.[153] Laut Liebkind[154] werden die Akkulturationseinstellungen von aktuellen Migrationserfahrungen bestimmt und stellen eine Antwort auf die spezifischen Bedingungen des Kulturkontakts dar. Anstatt den Akkulturationsprozess zu steuern, sind die Akkulturationsstrategien individuelle Reaktionsmuster auf denselben. Für Zick & Six sind die Akkulturationsorientierungen einerseits die wichtigsten erfahrungsabhängigen Faktoren zur *„Analyse der identifikativen Adaptation in neuen Umwelten"*, andererseits sind sie auch soziale Repräsentationen oder Ideologien darüber, wie die Akkulturation nach Meinung der Migranten verlaufen sollte.[155]

2.3.4. Empirische Befunde der bisherigen Forschung zum Modell von Berry

Die Migrations- und Anpassungsproblematik von Minderheiten stellt ein globales Thema dar. Aufgrund dessen hat sich die Beschreibung von Akkulturationsstrategien in vielen Ländern zu einem wichtigen Forschungsfeld interkultureller Sozialpsychologie entwickelt.[156]

---

[150] Vgl. Berry: Acculturation, In: Bade Klaus J. (Hrsg.), S. 176f.
Vgl. Bouhris et al.: Immigration, In: Mummendey, 1997, S. 90.
[151] Vgl. Zick, Andreas/Six, Bernd: Stereotype und Akkulturation, In: Silbereisen, Reiner K. et al (Hrsg.): Aussiedler in Deutschland. Akkulturation von Persönlichkeit und Verhalten, Opladen: Leske + Budrich 1999, S. 235.
[152] Vgl. Van Dick et al.: Einstellungen zur Akkulturation, 1997.
Vgl. Mielke, Rosemarie : Lerntheoretische Persönlichkeitskonstrukte, In: Amelang, Manfred (Hrsg.): Temperaments und Persönlichkeitsmerkmale. Enzyklopädie der Psychologie. Differentielle Psychologie und Persönlichkeitsforschung, Band 3. Göttingen: Hogrefe 1996, S. 185ff.

[153] Vgl. Berry, John W. et al.: Acculturation Attitudes in Plural Societis. Applied Psychology, An International Review, 38. Jg. (1989), S. 185f.
Bouhris et al.: Immigration, In: Mummendey, 1997.
[154] Vgl. Liebkind, Karmela: Acculturation and stress: Vietnamese refugees in Finland, In: Journal of Cross - Cultural Psychology, 27, 1996, S. 165f.
[155] Zick, Andreas; Six, Bernd: Akkulturation: Psychische Determinanten und Realisation, In: Mandl, Heinz (Hrsg.): Wissen und Handeln, Bericht über den 40. Kongreß der Deutschen Gesellschaft für Psychologie in München 1996, Göttingen: Hogrefe 1997, S. 503f.
[156] Neben den Arbeiten von Berry und Bouhris seien hier die Arbeiten zu nennen: Rocca/Horenczyk/ Schwartz: zu russischen Emigranten in Israel, 2000; Huici: zu nationalen Minderheiten in Spanien, 2000; Boski: zu polnischen Immigranten in Amerika, 1994; Liebkind: zu vietnamesischen Flüchtlingen in Finnland, 1996.

In den letzten Jahren wurde zum Thema Akkulturation auch in Deutschland vermehrt geforscht. Im folgenden Überblick soll anhand von exemplarischen Beispielen das Spektrum der vorhandenen Forschungsergebnisse verdeutlichen, die sich direkt oder indirekt auf das Modell der Akkulturation von Berry beziehen.

Dem Verhältnis zwischen Akkulturationstrategien seitens der Einwanderer aus der Türkei, Ex-Jugoslawien und Ungarn und der Aufnahmegesellschaft (Deutschland, Schweiz und Slowakei) schenken die Aufmerksamkeit Piontkowski et al.[157]. In ihrer Studie wurde festgestellt, dass es bemerkenswerte Unterschiede sowohl in den Akkulturationstrategien der verschiedenen Mehrheitsgesellschaften als auch in den Akkulturationsstrategien seitens der Einwanderer gibt.[158]

Schmitz[159] beschäftigt sich mit dem Zusammenhang von Akkulturationseinstellungen (ohne Marginalisationseinstellung) von osteuropäischen Einwanderer nach Deutschland und ihrem individuellen Befinden. Segregation war dabei die Akkulturationseinstellung, die mit den meisten psychosomatischen Beschwerden in Verbindung gebracht wurde, und die Integration ging mit den wenigstens Beschwerden einher.

Zick & Six[160] stellen eine Verbindung zwischen Autorität, Vorurteilen und Akkulturation her. Ihre Untersuchung ergab, dass autoritäre Dominanzorientierung mit Integrations- und Segregationseinstellung, nicht jedoch mit Assimilationseinstellung in Zusammenhang steht.

In einer Reihe von Studien berichten Wagner et al.[161] über verschiedene Untersuchungen, die versuchen, Auswirkungen von Akkulturationsstrategien auf interkulturelles Vorurteilsverhalten zu beschreiben, wobei die Strategien als bipolares Konstrukt definiert werden.

So zeigen sich in einer Studie von Athenstädt et al.[162] mit einer Gruppe von Studenten, die zu ihrer Reaktion auf unterschiedliche interkulturelle Begegnungssituationen befragt wurden, Korrelationskoeffizienten, die einen starken positiven Zusammenhang zwischen integrativen Akkulturationsstrategien und einen ebenso starken, aber negativen zwischen Integration und Vorurteilen nahelegen.

---

[157] Vgl. Piontkowski et al.: Predicting acculturation , 2000.
[158] Ebda., S. 11.
[159] Vgl. Schmitz, Paul: Immigrant mental and physical health, In: Psychology and developing societies, 4. Jg. (1992), S. 117ff.
[160] Vgl. Zick/Sick: Akkulturation, In: Mandl, H. (Hrsg.), 1997.
[161] Vgl. Wagner, Ulrich: Interethnic relations in a (non) immigrant country: The case of Germany, In: Ben-Ari, Rachel/Rich, Yisrael (Hrsg.): Understanding and treating diversity in education, An international perspective, Ramat Gan: Barllan University Press 1997, S. 331ff.
Vgl. Wagner, Ulrich/Zick, Andreas: Ausländerfeindlichkeit, Vorurteile und diskriminierendes Verhalten, In: Bierhoff, Hans-Werner/Wagner, Ulrich (Hrsg.): Aggression und Gewalt, Stuttgart: Kohlhammer 1998, S. 145ff.
[162] Vgl. Athenstädt et al. zit. nach Wagner/ Zick: Ausländerfeindlichkeit, 1998, S. 150f.

Das kontextabhängige Akkulturationskonzept von Berry et al. hat sich in verschiedenen Studien als geeignet erwiesen. So untersuchten z.B. Nauck et al.[163] die Bedeutung der intergenerativen Transmissionsprozesse für den Assimilationsprozess der türkischen Jugendlichen in Deutschland. Mit Hilfe der möglichen vier Akkulturationsstrategien untersuchten sie zur Verfügung stehende soziale und kulturelle Kapital in den Migrantenfamilien. Sie kamen zum Ergebnis, dass die sozialen Beziehungen von türkischen Migrantenfamilien nicht entlang ethnischer, sondern entlang verwandtschaftlicher Linien verlaufen.[164]

Das zentrale Merkmal der Akkulturation ist die Veränderung bzw. Wandel. Es sind vor allem zwei Dimensionen des Wandels, die für die theoretische Konzeption der Akkulturation fundamental sind:

1. Beibehaltung der Kultur bzw. Identifikation mit den Mitgliedern der eigenen ethnischen Gruppe und
2. Integration in die Kultur bzw. Identifikation mit der Kultur des Aufnahmelandes[165]

Der Akkulturationsansatz von Berry et al. dient als theoretische Grundlage der vorliegenden Arbeit, da er kontextabhängig generiert ist und dies erlaubt, die tschechischen Hochqualifizierten getrennt nach ihren Lebensbereichen zu erfassen.

Da die Akkulturation eng mit dem Begriff Kultur einhergeht, wird es im folgenden Kapitel auf das Thema der Kultur und kulturellen Identität eingegangen, um so die Komplexität und die Schwierigkeiten eines Akkulturationsprozesses zu verdeutlichen.

2.4. Kultur und kulturelle Identität

Migranten treten durch den Wechsel der Gesellschaft in eine andere Kultur bzw. Kulturkreis ein. In der vorliegenden Arbeit werden zwei Kulturen, und zwar tschechische und deutsche Kultur, sowie die Frage nach deren Ähnlichkeit oder Unterschied, gegenübergestellt.

---

[163] Vgl. Nauck, Bernhard/Schönpflug, Ute (Hrsg.): Familien in verschiedenen Kulturen, Stuttgart: Enke 1997.
[164] Ebda., S. 487.
[165] Vgl. Berry, John W./Sam, David L.: Acculturation and adaption, In: Berry John W./Segall Marshall H./Kagitçibasi Cigdem (Hrsg.): Handbook of cross-cultural psychology: Vol. 3. Social behaviour and applications. Boston: Allyn & Bacon 1997, S. 293.
Vgl. Phinney, Jean S.: Ethnic identity in adolescents and adults: Review of research, In: Psychological Bulletin, 108. Jg. (1990), S. 502.

Vorab muss erwähnt werden, dass es aufgrund der geographischen Nähe immer eine kulturelle Überschneidung zwischen den tschechisch- und deutschsprachigen Gebieten gegeben hat und die Kulturen nie in völliger Isolation nebeneinander existiert haben.

2.4.1. Kulturtypologie

Schon seit den 20-er Jahren des 20. Jahrhunderts wird in der Kulturforschung versucht, abgrenzbare Einheiten von Kulturen und deren kulturellen Besonderheiten empirisch zu bestimmen und zu beschreiben. Dabei werden in der Regel zwei Variablensets zu Grunde gelegt, die zum einen von Kluckhohn & Strodtbeck[166], zum anderen von Hofstede[167] beschrieben wurden.

Kluckhohn & Strodtbeck orientieren sich bei der Formulierung kultureller Dimensionen an zentralen Fragen der menschlichen Existenz, wie z. B. der nach dem eigenen Ich und der individuellen Beziehung zur Welt bzw. den darin lebenden Personen. Hieraus ergeben sich insgesamt sechs bipolar formulierte Dimensionen:

1. Natur des Menschen (gut-böse)

2. Verhältnis zur Umwelt (dominant-harmonisch)

3. Verhältnis zu Gruppen und der Gesellschaft (individualistisch-kollektivistisch)

4. eigenes Verhalten („sein"-orientiert - "tun"-orientiert)

5. Zeitverständnis (gegenwartsorientiert-vergangenheitsorientiert)

6. Raumverständnis (privat-öffentlich)

Hofstede generiert nur vier zentrale Kulturdimensionen, die zur Kategorisierung von Einstellungsmustern in über 50 Ländern dienen:[168]

1. Individualismus-Kollektivismus (Autonomes Selbstkonzept vs. Gruppenidentität)

2. Machtdistanz (egalitäre vs. hierarchische Strukturen)

3. Unsicherheitsvermeidung (Unsicherheitstoleranz vs. -intoleranz)

4. Maskulinität-Feminität

Eine fünfte Dimension wurde später hinzugefügt, und zwar als eine wesentliche Ergänzung

---

[166] Vgl. Kluckhohn, Florence R./Strodtbeck, Fred L.: Variations in value orientations, Evanston 1961.
[167] Vgl. Hofstede, Geert: Culture's consequences. International differences in work-related values, Bewerly Hills 1984.
Vgl. Hofstede, Geert/Hofstede, Geert Jan: Lokales Denken, globales Handeln. Interkulturelle Zusammenarbeit und globales Management, München 2006.
[168] Die Ergebnisse basieren auf Faktoranalysen, die aufgrund einer Befragung über 100.000 MitarbeiterInnen der internationalen Firma IBM gewonnen wurden. (darunter auch Deutschland und Tschechische Republik). Hofstede: Culture's consequences, 1984.

der vier schon existierenden Dimensionen, die *Kurzzeitorientierung-Langzeitorientierung*[169], in der auch fernöstliches Denken integriert ist.

Die Kritik an dieser Typologie liegt vor allem darin, dass Konzepte von Nationen *„keineswegs immer geeignet sind, Kulturbesonderheiten abzugrenzen".*[170] Kaum eine Kultur passt eindeutig in die eine oder die andere Typologie, und zwar deshalb, weil diese keine sich gegenseitig ausschließenden Kulturtypen darstellen. Des weiteren ist es zu bezweifeln, dass in einer Welt mit zunehmender territorialen und medialen-kommunikativen Verflechtung die Existenz von hermetisch konzipierten Kulturtypen möglich ist.[171]
Nichtsdestotrotz prägt diese Typologie noch heute zahlreiche Untersuchungen, deshalb werden die Dimensionen dieser nachfolgend näher betrachtet und auf die Werte Tschechiens und Deutschland eingegangen:

Tabelle 1: Kulturdimensionen nach Hofstede für Tschechien und Deutschland.

DIMENSIONEN	WERTE	POSITION	WERTE	POSITION
Individualismus	58 (91)[172]	26 (74)	67 (91)	18 (74)
Machtdistanz	57 (104)	45/46 (74)	35(104)	63/65 (74)
Unsicherheitsvermeidung	74 (112)	34 (74)	65 (112)	43 (74)
Maskulinität	57 (110)	25/27 (74)	66 (110)	11/13 (74)
Langzeitorientierung	13 (118)	38 (39)	31 (118)	25/27 (39)

Quelle: Hofstede/Hofstede:Lokales Denken, 2006, S. 56ff.

1. Individualismus-Kollektivismus: Diese Dimension basiert auf der Unterscheidung der Standards, Werte und Normen einer Gesellschaft im Hinblick auf die sozialen Bindungen zwischen Individuen. Individualismus bezieht sich auf die Gesellschaften, in denen die Bindungen oft lose sind. Kollektivismus bezeichnet dagegen die Gesellschaften, in denen Individuen von Geburt an in starke, beständige Gruppen eingebunden sind. In den kollektivistischen

---

[169] Vgl. Hofstede/Hofstede: Lokales Denken, 2006, S. 292.
[170] Zit. nach Trommsdorff, Gisela: Internationale Kultur, In: Gogolin/Nauck, 2000, S. 389.
[171] Ebda., S. 391f.
[172] Die Werte in den Klammern bezeichnen die Höchstpunktzahl bzw. den höchsten Rang, der vergeben wurde.

Gesellschaften haben die Haltungen zu den Aufgaben einen größeren Wert, es wird indirekt kommuniziert und eher eine harmonische Konfliktregelung gesucht.[173] Hofstede stuft tendenziell reiche Länder als individualistisch ein und arme Länder als kollektivistisch.[174] Tschechien (Wert 58) und Deutschland (Wert 67) weisen einen erhöhten Individualismus-Indexwert auf.

2. Machtdistanz: Die Grundlage für die Unterscheidung zwischen hoher und geringer Machtdistanz ist die Art und Weise, wie die Individuen mit der Ungleichheit umgehen.[175]
In Ländern mit hoher Machtdistanz wird der autoritärer bzw. patriarchalische Führungsstil eingesetzt, die MitarbeiterInnen widersprechen dem Vorgesetzten nicht und die emotionale Distanz ist sehr groß. In Ländern mit geringer Machtdistanz existiert häufiger eine geringere Abhängigkeit des Mitarbeiters vom Vorgesetzten, wobei auch die Konsultation und Beratung als Kommunikation bevorzugt wird.[176]
Tschechien ist mit einem Wert von 57 im Mittelfeld der Dimension. Dies bedeutet, dass Organisationen stark hierarchisch strukturiert sein und autoritär geführt werden können. In Deutschland wurden dagegen niedrige Machtdistanzwerte von 35 attestiert. Laut Hofstede haben die Machtdistanzunterschiede zwischen den Ländern unter anderem die Wurzeln schon in der Familie und der Erziehung des Kindes.[177] In Gesellschaften mit großer Machtdistanz erwarten Eltern von Kindern Gehorsam, während in Kulturen mit geringer Machtdistanz werden die Kinder mehr oder weniger gleichberechtigt behandelt, sobald sie anfangen, aktiv zu reagieren.[178]
Im Fall Tschechien und Deutschland liegen die Gründe auch in der unterschiedlichen historischen Pfadabhängigkeiten beider Länder, gerade in der zweiten Hälfte des 20. Jahrhunderts.[179]

3. Unsicherheitsvermeidung: Bedeutet das Ausmaß, in dem sich die Mitglieder einer Kultur in unsicheren Situationen bedroht fühlen und dies vermeiden wollen. In der Gesellschaft, in der die Mitglieder präzise Antworten und Instruktionen, eindeutige Kompetenzzuordnungen, detaillierte Aufgabenbeschreibung und klare Regeln bevorzugen, herrscht eine große Unsicherheitsvermeidung. Menschen in diesen Kulturen streben nach Strukturen.[180]

---
[173] Vgl. Hofstede/Hofstede: Lokales Denken, 2006, S. 103.
[174] Vgl. Hofstede/Hofstede: Lokales Denken, S. 106.
[175] Vgl. Hofstede, Geert: Interkulturelle Zusammenarbeit. Kulturen, Organisationen, Management, Wiesbaden 1993, S. 69f.
[176] Ebda., S.70f.
[177] Vgl. Hofstede/Hofstede: Lokales Denken, 2006, S. 66.
[178] Ebda., S. 66f.
[179] Siehe Kapitel 2.4.2. in dieser Arbeit.
[180] Vgl. Hofstede/Hofstede: Lokales Denken, 2006, S. 238f

Deutschland hat nach dem Unsicherheitsvermeidungsindex eine mittlere Unsicherheitsvermeidung (Wert 65), während Tschechien zu einem Land mit höherer Unsicherheitsvermeidung (Wert 74) tendiert.[181] Die Indexwerte reichen von etwa 0 für das Land mit der schwächsten bis etwa 100 für dasjenige mit der stärksten Unsicherheitsvermeidung.

4. Maskulinität: Ist für die Kulturen typisch, in denen Leistung, Anerkennung, Aufstieg, Herausforderung die wichtigsten Werte darstellen und das Verhalten extrem sicher ist. Feminität bezeichnet dagegen die Kulturen, in denen die zwischenmenschlichen Beziehungen, die Kooperation und die Wichtigkeit der Lebensqualität die dominanten Werte darstellen und das Verhalten bescheiden und zurückhaltend ist.[182]
Beim Maskulinitätsindex hat sowohl Tschechien (Wert 57) als auch Deutschland (Wert 66) mittlere Werte.

5. Kurzzeitorientierung-Langzeitorientierung: Länder mit Langzeitorientierung bezeichnen sich durch Sparsamkeit beim Umgang mit Ressourcen sowie durch Bereitschaft, einem Zweck zu dienen, so lange bis man das Ergebnis erreicht. In diesen Ländern ist die persönliche Anpassungsfähigkeit wichtig. Die Kurzzeitorientierung steht dagegen für Respekt für Traditionen, Wahrung des „Gesichts" und für die Erfüllung sozialer Pflichten.[183] Während Deutschland (Wert 31) im Mittelfeld der Dimensionen liegt, gehört Tschechien (Wert 13) zu den Ländern mit geringer Langzeitorientierung.[184]

Die Typologie von Hofstede zeigt, dass es keine gravierenden Unterschiede zwischen der tschechischen und deutschen Kultur gibt, mit Ausnahme der Machtdistanz und Langzeitorientierung. Selbstverständlich muss man erwähnen, dass seine Studie vor mehr als 30 Jahren durchgeführt wurde und einige Daten auf Wiederholungsstudien oder Schätzungen basieren[185]. Neuere empirische Arbeiten über tschechische Kulturdimensionen[186] bzw. Kulturstandards[187] zeigen, dass es aufgrund verschiedener Einflüsse und Parameter (z.B. Berufsfeld, geschichtlicher Hintergrund) zu unterschiedlichen Ausprägungen kommen kann. Sie bestätigen die Aussage, dass Kultur nur schwer zu fassen und in Formen zu pressen ist, dass Kultur

---

[181] Vgl. Hofstede/Hofstede: Lokales Denken, S. 234.
[182] Vgl. Hofstede, Geert: Interkulturelle Zusammenarbeit, 1993, S. 81.
[183] Vgl. Hofstede/Hofstede: Lokales Denken, 2006, S. 292ff.
[184] Ebda., S. 294.
[185] Ebda., S. 56.
[186] Vgl. Hold, Melanie: Interkulturelles Management, Diplomarbeit, Wien 2008.
[187] Siehe Kapitel 2.4.3. in dieser Arbeit

in all ihren Ausprägungen eine enorme Komplexität mit sich bringt[188] und kulturspezifische Einzelmerkmale ihre Wirkung aus dem Gesamtkontext entfalten.[189]

2.4.2. Kulturstandards

Jeder Mensch wird durch die Kultur, in der er aufwächst, entscheidend geprägt. Allerdings im Alltag fällt ihm das nicht auf. Die kulturspezifischen Eigenarten sind für ihn Selbstverständlichkeiten. Begegnet man jedoch Menschen anderer Kulturen, stellt man fest, dass es auch andere Arten und Formen des Erlebens, Denkens und Verhaltens gibt. Dies wird dann oft als Konflikt erfahren (Kulturschock), weil in einer fremden Kultur andere Bewertungen und Standards gelten oder anders bewertet und angewandt werden.[190]

Kultur kann somit als *„universelles, für eine Gesellschaft, Organisation und Gruppe aber sehr typisches Orientierungssystem"*[191] bezeichnet werden. Das heißt, das es einzelne kulturelle Elemente gibt, die aus der Interaktion der Mitglieder einer Gesellschaft untereinander und mit ihrer Umwelt entstanden sind und in der jeweiligen Gesellschaft tradiert werden. Diese Elemente wirken handlungsleitend, denn sie ermöglichen den Mitgliedern der Kultur, sich gegenseitig als Interaktionspartner und sich zugehörig zur Gesellschaft zu fühlen. Gleichzeitig schaffen sie die Voraussetzung zur Entwicklung eigenständiger Formen der Umweltbewältigung.[192] Diese kulturellen Elemente werden als Kulturstandards bezeichnet.

Kulturstandards sind für Gruppen, Organisationen und Nationen typische Orientierungsmuster des Denkens, Handels und Wahrnehmens, die von einer Mehrzahl der Mitglieder einer bestimmten Kultur als normal, selbstverständlich, typisch und verbindlich angesehen werden.[193] Ein Kulturstandards legt ein Maßstab dafür fest, wie Mitglieder einer bestimmten Kultur sich zu verhalten haben, wie man Personen, Objekte und Ereignisse zu sehen, zu behandeln und zu bewerten hat. Kulturstandards werden durch die Sozialisation zur Beurteilung sozial relevanten Verhaltens internalisiert.[194] Gerade in der interkulturellen Begegnung wird die Handlungswirksamkeit von Kulturstandards deutlich erlebt.

---

[188] Vgl. Trommsdorff: Internationale Kultur, In: Gogolin/Nauck, 2000, S. 390.
[189] Ebda., S. 391.
[190] Vgl. Thomas, Alexander: Kulturstandards in der internationalen Begegnung, Saarbrücken 1991, S. 5.
[191] Vgl. Thomas, Alexander: Psychologie interkulturellen Handelns, Hogrefe, Göttingen 1996, S. 112.
[192] Vgl. Thomas: Psychologie, 1996, S. 112f.
[193] Ebda., S. 113f.
[194] Vgl. Thomas, Alexander: Kultur als Orientierungssystem und Kulturstandards als Bauteile, In: Institut für Migrationsforschung und Interkulturelle Studien der Universität Osnabrück, Heft 10/99, S. 123.

Der größte Nachteil des Modells der Kulturstandards wird darin gesehen, dass es sich um eine starke Stereotypisierung handelt.[195] Dabei muss erwähnt werden, dass Kulturstandards Charakteristika auf einem generalisierten und abstrahierenden Niveau beschreiben. Sie beziehen sich auf die gemeinsamen Elemente einer Nation und nicht auf die Beschreibung der Individuen. Jedes Individuum kann von den Kulturstandards zum Teil erheblich abweichen.[196] Daneben gibt es eine Menge situativer Variablen, die einen Einfluss auf das Verhalten haben, z.B. Dauer und Intensität des Kontakts, der Status der beteiligten Gruppen und Individuen oder das soziale Klima, in dem die Begegnung stattfindet.[197]

Da es für die vorliegende Arbeit von Bedeutung ist, die Unterschiede zwischen der tschechischen und deutschen Kultur zu erläutern, werden im Folgenden die tschechischen und deutschen Kulturstandards dargestellt. Dabei beziehe ich mich auf die empirischen Untersuchungen von Schroll-Machl/Novy[198] und Meierewert[199], die sich auf die kulturellen Unterschiede in der deutsch-tschechischen Zusammenarbeit sowie tschechische Kulturstandards fokussieren.

---

[195] Vgl. Schroll-Machl, Sylvia/Kinast, Eva Ulrike: Ansätze für eine Strategie interkulturellen Handelns. Fehlende oder unklare Strategien für das interkulturelle Handeln gefährden den Erfolg von Entsendungen und Kooperationen, In: Personalführung 11/ 2002, S. 32.
[196] Vgl. Schroll-Machl, Sylvia/Novy, Ivan: Perfekt geplant und genial improvisiert? Kulturunterschiede in der deutsch-tschechischen Zusammenarbeit, Mering: Hampp 2005, S. 16.
[197] Vgl. Schroll-Machl/Kinast: Ansätze für eine Strategie, 2002, S. 33f.
[198] Vgl. Schroll-Machl/Novy: Perfekt geplant, 2005. Siehe Tabelle 2 im Kapitel 2.4.2. in dieser Arbeit.
[199] Vgl. Meierewert, Sylvia: Tschechische Kulturstandards aus der Sicht österreichischer Manager, In: Fink, Gerhard/Meierewert, Sylvia (Hrsg.): Interkulturelles Management – Österreichische Perspektiven, Springer Verlag, Wien, New York 2001, S. 97ff.

Tabelle 2: Tschechische vs. deutsche Kulturstandards

Tschechische Kulturstandards	Deutsche Kulturstandards
Personenbezug Sympathien und Beziehungen stehen im Vordergrund. Wichtig ist bei jeder Interaktion eine angenehme Atmosphäre herzustellen. Die Person hat Vorrang vor der Sache.	**Sachbezug** Die Sache steht im Zentrum der Aufmerksamkeit. Ein sachliches Verhalten wird als professionell geschätzt. Emotionen bleiben unter Kontrolle.
Abwertung von Strukturen Skepsis gegenüber Strukturen, beliebt sind Improvisationen. Die Improvisation ist der Ausdruck der Flexibilität, der Erfindungsgabe, der Adaptabilität und der Qualifikation. Ein Plan wird als Einschränkung betrachtet.	**Aufwertung von Strukturen** Vorliebe für Pläne, Organisation und Strukturen. Improvisiert wird nur in Notfällen.
Simultanität Erledigen mehrerer Dinge zur gleichen Zeit, nicht nur einer Sache. Zielstrebigkeit ist nicht sehr ausgeprägt. Der Zeitdruck scheint vielfach gering zu sein.	**Konsekutivität** Zeit ist ein wichtiges Thema. Jede Arbeit oder Aufgabe ist sehr gut geplant und genau aufgeteilt. Termineinhaltung sehr wichtig und verbindlich.
Personenorientierte Kontrolle Wert auf menschliche Beziehungen und auf subjektives Wohlbefinden. Handeln zugunsten persönlicher Interessen oder Beziehungen.	**Regelorientierte Kontrolle** Allgemein gültige Regeln und Gesetze werden befolgt. Das Verhalten ist sehr stark an Regelungen aller Art orientiert, Normen und Vereinbarungen müssen eingehalten werden.
Diffusion von Persönlichkeits- und Lebensbereichen Vermischung der Persönlichkeitsbereiche „Emotionalität-Rationalität", „Beruf-privat" sowie „Formelle-informelle Strukturen".	**Trennung von Persönlichkeits- und Lebensbereichen** Strikte Trennung der verschiedenen Bereiche ihres Lebens. Differenzierung in „Beruf-privat", „Emotionalität-Rationalität" sowie „Formelle-informelle Strukturen".
Starker Kontext Kommunikationsstil ist indirekter und impliziter, d.h. es wird mehr mit zusätzlichen, nicht sprachlichen Signalen gearbeitet (non-verbale Kommunikation).	**Schwacher Kontext** Kommunikationsstil ist direkt und explizit. Sachverhalte werden klar und deutlich formuliert, keine Doppelbödigkeit. Auf mögliche Empfindlichkeiten Anwesender wird weniger Rücksicht genommen.
Konfliktvermeidung Konfliktvermeidung hat Vorrang vor der Konfliktaustragung. Kritik äußern, Probleme analysieren findet man unerträglich. Probleme eigene Fehler oder Unwissenheit eingestehen. Analyse von Problemen und Konfliktursachen wird nicht als „konstruktiv" aufgefasst, sondern als versteckte Kritik an den beteiligten Personen.	**Konfliktkonfrontation** Kritik wird ausgesprochen, Probleme analysiert, Schwierigkeiten und Unangenehmes beim Namen genannt. Kritik wird unter sachlichen Aspekten gesehen: Es wird die Verfehlung kritisiert, nicht die Person.
Schwankende Selbstsicherheit Pendeln zwischen Bescheidenheit und Unterstatement einerseits und Selbstüberschätzung und Übertreibung andererseits. Bei der Mehrheit der Nation herrscht ein gewisser Minderwertigkeitskomplex bzgl. der westlichen Welt vor. Alles Westliche hat ein hohes Image, daher verhält man sich gegenüber allen Westlern tendenziell „niederrangig" bis „demütig".	**Stabile Selbstsicherheit** Es wird gern der Eindruck erweckt, von einer Sache etwas zu verstehen und auf einem Gebiet als Expert zu wirken. Meinungen sind klar, bestimmt und eindeutig. Die Deutschen opponieren, deuten auf Fehler hin und korrigieren ihre Mitarbeiter. Es ist in Ordnung zu zeigen, was man ist und was man kann.

Quelle: Eigene Darstellung nach Schroll-Machl/Novy: Perfekt geplant, 2005 und Meierewert: Tschechische Kulturstandards, In: Fink, 2001.

Kulturen entstehen im Laufe der Geschichte eines Volkes. Wirksame Muster einer Epoche können wieder verschwinden, wenn die Umweltbedingungen sich geändert haben. Andererseits können sie auch bleiben, wenn ähnliche Umweltbedingungen die gewöhnlichen Muster weiterhin als geeignete Bewältigungsstrategien erscheinen lassen.

An dieser Stelle muss erwähnt werden, dass die beiden Kulturen (deutsche und tschechische) von unterschiedlichen historischen Erfahrungen geprägt sind. Während der heute dominante Teil der deutschen Kultur nach dem Zweiten Weltkrieg weiterhin von einem kapitalistischen Gesellschaftssystem beeinflusst wurde, herrschte in der tschechischen Kultur 40 Jahre lang ein sozialistisches System. Seit 1989 befindet sich die Tschechische Republik in einem Transformationsprozess, und zwar in dem angestrebten Übergang vom Sozialismus zur demokratischen Marktgesellschaft, wobei die tschechische Gesellschaft sich in den vergangenen 50 Jahren zwei Mal in einer Transformation befand.[200]

Im Folgenden soll kurz die sozialistische Gesellschaft der kapitalistischen Marktgesellschaft gegenübergestellt werden:

Exkurs: Sozialismus versus Kapitalismus

Tabelle 3: Sozialistische und kapitalistische Gesellschaft im Vergleich (Idealtypen)

Merkmal	Sozialismus	Kapitalismus
Politik/Ideologie	Einheitspartei und Einheitsweltanschauung	Mehrere Parteien und Wettbewerb der Ideologien
Gleichheitsprinzip	Gleichheit der Ergebnisse	Gleichheit der Chancen
Gesellschaftskonzeption	Kollektivistisch	Individualistisch
Verteilungsinstitution	Staat	Markt
Eigentumsform	Staatlich	Privat
Wohlfahrtleistung	Hoch	Tendenziell hoch
Verteilungsungleichheit	Konzentrierte Macht, stark nivellierte Lebensbedingungen	Dezentralisierte Macht, differenzierte Lebensbedingungen
Schichtung	Relativ gleichmäßig	Differenzierte Lebensstile

Quelle: Delhey: Osteuropa, 2001, S. 56.

---

[200] 1948 Übergang von der demokratischen zur sozialistischen Gesellschaft, 1989 Übergang von der sozialistischen zur demokratischen Gesellschaft.

Die Eckpfeiler der Lebensbedingungen in den sozialistischen Staaten waren die zentralistische und totalitäre Machtausübung des Staates, die marxistisch-leninistische Ideologie, Planwirtschaft sowie die rigide bürokratische Verwaltungsstruktur, die umständlich und schwerfällig war. Die Machtstruktur regierte mit Angstmechanismen und zwang zur Anpassung und damit zum Teil zur Unselbstständigkeit. Die Postulate der Ideologie widersprachen der realen Alltagserfahrung. Der Plan regierte bis in den Alltag hinein, vielfach in Form einer Mangelwirtschaft und eines Anbietermarktes. Dies prägte das Leben. Da die Kultur immer als Anpassung an bestehende Verhältnisse entsteht und sich wandelt, hinterlassen diese Umstände ihre Spuren.[201]

Grundlegend kann man die kapitalistischen Gesellschaften als offene Gesellschaften beschreiben, die keine Ideologie mit Alleinvertretungsanspruch haben. Die Mitglieder der Gesellschaft sollen die Möglichkeit haben, ihre individuelle Wohlfahrt selbst zu bestimmen und zu verwirklichen.[202] Die Freiheit des Einzelnen wird vor soziale Gleichheit gesetzt. Wichtigste Verteilungsinstitution ist der Markt.[203] Qualifikation, hierarchische Stellung oder Kapitalbesitz treten als die wichtigsten Verteilungsdeterminanten hervor und führen zu einem ungleichmäßigeren Verteilungsergebnis. Das zentrale Kriterium im Schichtungssystem ist der Einkommensstatus, der im Idealfall an die eigene Leistung geknüpft ist.[204]

Zusammenfassend lässt sich feststellen, dass die sozialistische Vergangenheit ihre Spuren in der tschechischen Mentalität hinterließ. Schroll-Machl[205] ist überzeugt, dass die typischen Ansätze der tschechischen Kulturstandards in der jetzigen Generation mittleren Alters ihre Gültigkeit behalten dürften, da sie historisch tiefer verwurzelt sind.

---

[201] Vgl. Delhey, Jan: Osteuropa zwischen Marx und Markt. Soziale Ungleichheit und soziales Bewusstsein nach dem Kommunismus, Hamburg: Krämer 2001, S. 48ff.
[202] Vgl. Juchler, Jakob: Ende des Sozialismus, Triumph des Kapitalismus? Eine vergleichende Studie moderner Gesellschaftssysteme, Zürich: Seismo Verlag 1992, S. 32ff.
[203] Vgl. Juchler: Ende des Sozialismus, 1992, S. 45f..
[204] Vgl. Delhey: Osteuropa, 2001, S. 55ff.
[205] Vgl. Schroll-Machl, Sylvia: Busineskontakte zwischen Deutschen und Tschechen: Kulturunterschiede in der Wirtschaftszusammenarbeit, Sternenfels: Wissenschaft und Praxis, Verlag Wissenschaft & Praxis 2001.

2.4.3. Kulturelle Identität

Im Zusammenhang mit der Migration wird die Problematik sowohl des Kulturwechsels als auch das Thema der *Identitätsentwicklung* zentral. Der Fokus liegt dabei bei der Entwicklung einer kulturellen Identität, die als Teil des Selbstkonzeptes definiert wird, welcher sich in der weitgehende Bewahrung der Zugehörigkeit zu einer ethnischen Gruppe und der Identifikation mit deren Mitgliedern zeigt.[206]

Identität ist nicht als beharrende Substanz, sondern als fließendes Gleichgewicht aufzufassen, das sich in lebenslangen Erfahrungs- und Lernprozessen ausbildet und fortdauernd vom Individuum durch Selbstwahrnehmung und Selbstdefinition aufrecht erhalten werden muss. Die Soziologie unterscheidet zwischen zwei Ebenen der Identität:

1. soziale Identität als Selbstzuordnung zu bestimmten Gruppen und Lebensformen bzw. die Abgrenzung von anderen Gruppenzuschreibung

2. personale Identität als Folge der Individualisierung und eigenständige Verarbeitung sozialer Identifikationsoptionen[207]

Die Identität stellt einen Zusammenhang zwischen Individuen und sozialen Gruppen bzw. der Gesellschaft her.[208] Laut Hall[209] gibt es folgende Identitätsproduktion: Im traditionellen „naturalistischen" Sinn wird ein wesenhafter Inhalt oder Kern von Identität angenommen, der durch einen gemeinsamen Ursprung und/oder gemeinsame Eigenschaften bzw. eine gemeinsame Erfahrungsstruktur mit einer Gruppe definiert ist, wobei diese Gemeinsamkeit als Basis für Solidarität und das Gefühl der Zusammengehörigkeit dient. Dieser Prozess der Suche nach Identität ist niemals abgeschlossen.

„Wir identifizieren uns mit Sprache, Sitten, Gebräuchen, mit kulturellen, sozialen Gruppen, Institutionen, Nationen, mit Religion, etc. und nach Huntington auf weitester Ebene mit Kulturkreisen."[210]

---

[206] Vgl. Esser, Hartmut: Die Entstehung ethnischer Konflikte, In: Hradil, Stefan (Hrsg.): Differenz und Integration. Verhandlungen des 28. Kongresses der Deutschen Gesellschaft für Soziologie in Dresden 1996, Frankfurt, New York 1997, S 881.
[207] Vgl. Goffman, Erving: Stigma. Über Techniken der Bewältigung beschädigter Identität, Frankfurt a. M.: Suhrkamp 1967.
Vgl. Krappmann, Lothar: Soziologische Dimensionen der Identität, Stuttgart: Enke 1971.
[208] Vgl. Vester, Heinz Günter: Mentalitätsforschung in Deutschland – ein mentales Problem. Kommentar, Kritik und Perspektiven zum Forschungsgegenstand, In: Hahn, Heinz (Hrsg.): Kulturunterschiede. Interdisziplinäre Konzepte zu kollektiven Identitäten und Mentalitäten, Frankfurt am Main 1999, S. 435.
[209] Vgl. Hall zit. nach Lutter, Christina/Reisenleitner, Markus: Cultural Studies. Eine Einführung, Wien: Turia & Kant 1998, S.95.
[210] Zit. nach Oberbichler: Über Kultur und Kulturbegriff, 2002, S. 92

Nach innen identifizieren wir uns mit einer Bezugsgruppe, Kultur bzw. Subkultur, nach außen vergleichen wir uns mit den anderen. Die Identität ist eine Lebensorientierung.

Bei Selbst- und Fremdzuschreibungen darf nicht der Fehler begangen werden, zu vereinfachen, denn niemand ist nur ein „Deutscher", oder „Tscheche", sondern, Mann oder Frau, Absolvent einer Universität oder Verkäufer, jung oder alt, Wähler einer bestimmten Partei usw.[211] So kann Identität multidimensional betrachtet werden.

Die Frage nach der Identität wird in dieser Arbeit ebenfalls erörtert. Welche Identität bringen die nach Deutschland immigrierten Hochqualifizierten tschechischer Herkunft mit und welche übernehmen sie im Laufe des Verbleibs in Deutschland, welcher Gruppe fühlen sie sich zugehörig, oder leben sie in zwei Gesellschaften?

Der Aufenthalt in bzw. zwischen mehreren Kulturen, mit unterschiedlichen Werten und Normen, ist das Resultat von Migration oder einer bi-kulturellen Partnerschaft. Doch nicht nur die Ausländer oder Migranten befinden sich zwischen mehreren Kulturen, sondern auch die einheimischen Mitglieder einer Gesellschaft mit hoher Zuwanderungsrate. Das zeigt, dass die Auseinandersetzung mit Identität nicht ohne Berücksichtigung der kulturellen Heterogenität möglich ist. Dabei stellt sich die Frage, ob und inwiefern die kulturelle Vielfalt der zeitgenössischen Gesellschaft einen Einfluss auf die Identitätsentwicklung ihrer Mitglieder hat.

In den Sozialwissenschaften brachte die Entwicklung der Identität angesichts heterogener kultureller Kontexte den Begriff der *kulturellen Identität* hervor.[212]

„Kulturelle Identität entsteht hauptsächlich angesichts kultureller Andersheit, jedoch nie abstrakt und allgemein, sondern als Ergebnis konkreter Kulturkontakte, wobei Grenzen gebildet werden als Markierungen trennender Unterschiede und als Orte verbindender Berührung."[213]

Für die sozialwissenschaftliche Auffassung der kulturellen Identität ist die Zugehörigkeit zu einer oder mehreren ethnischen Gruppen ein fundamentaler Aspekt, der in zwei Ansichten unterteilt wird:

- eine subjektive kulturelle Zugehörigkeit
- tradierte bzw. objektive kulturelle Zugehörigkeit[214]

Des Weiteren betrachtet man den Konstrukt der kulturellen Identität von den internen bzw.

---

[211] Vgl. Oberbichler: Über Kultur und Kulturbegriff, S. 94.
[212] Vgl. Hamburger, Franz: Identität und interkulturelle Erziehung, In: Gogolin, Ingrid et al. (Hrsg.): Pluralität und Bildung, Opladen: Leske und Budrich 1998, S. 127.
[213] Zit. nach Krotz, Stefan: Die Eine Welt und die vielen Kulturen, In: Brieskorn, Norbert (Hrsg.): Globale Solidarität. Die verschiedenen Kulturen und die eine Welt, Stuttgart: Kohlhammer 1997, S. 47
[214] Vgl. Phinney, Jean S.: Ethnic identity in adolescents and adults: Review of research, In: Psychological Bulletin, 108. Jg. (1990), S. 500ff..

psychologischen sowie externen bzw. soziologischen Aspekten, wobei die Identitätsentwicklung von der Interaktion der beiden Aspekte beeinflusst wird.[215]

Die internen Aspekte beinhalten drei Dimensionen. Erstens die *kognitive Dimension*, die sich auf die Einstellung zu sich selbst als Mitglied einer ethnischen Gruppe und auf das Wissen über die Traditionen und Wert- sowie Normvorstellungen dieser Gruppe bezieht. Zweitens die *moralische Dimension*, die durch das Solidaritätsgefühl gegenüber den Angehörigen der eigenen ethnischen Gruppe vertreten wird. Und drittens die *affektive Dimension*, die das Zugehörigkeitsgefühl zur eigenen ethnischen Gruppe, wobei das Sicherheitsgefühl unter Mitgliedern der eigenen ethnischen Gruppe sowie Sympathie für die Mitglieder besonders betont werden.[216]

Die externen Aspekte äußern sich im sozialen und kulturellen Verhalten, und zwar in den Bereichen Sprache, Freundschaften, Medien, kulturelle Traditionen und Teilnahme an den Aktivitäten der ethnischen Gruppe.[217]

Die beiden Aspekte können in unterschiedlicher Art und Weise kombiniert sein. Dies hängt von der Akkulturation ab, die selektiv sein kann, d.h. eine ethnische Gruppe betont z. B. das Erlernen der Sprache und kulturellen Traditionen, welche zu den externen Aspekten gehören, während für die andere Gruppe die kulturellen Werte und Einstellungen, die zu den internen Aspekten gehören, von Bedeutung sind.

Unter Berücksichtigung der Anforderungen heutiger pluraler Gesellschaften wird Identität zum Thema eines lebenslangen Prozesses.

Die Erkenntnis, dass die Identität sich ständig neu in wechselnden soziokulturellen Kontexten bewähren muss, d.h. ständig evaluiert und (re-)konstruiert werden muss, bedeutet aber gerade nicht, dass das Individuum in viele Identitäten oder Persönlichkeiten zerfällt[218], denn dem Individuum wird in einer kulturellen Pluralität die Zugehörigkeit zu mehreren Kulturen erlaubt. Dabei wird zwischen drei *Arten des Zugehörigkeitsgefühls* unterschieden:

- *Doppelte subjektive kulturelle Zugehörigkeit:* Das Individuum schreibt sich in gleichem Maße der ererbten Kultur und der Kultur der Mehrheit zu.
- *Wechselnde subjektive kulturelle Zugehörigkeit:* Das Individuum steht in Abhängigkeit vom Wechsel des kulturellen Umfeldes und entwickelt ein kontextspezifisches Zugehörigkeitsge-

---

[215] Vgl. Isajiw, Wsevolod W.: Ethnic-Identity Retention, In: Breton, Raymond et al. (Hrsg.): Ethnic Identity and Equality: Varieties of Experience in a Canadian city, Toronto 1990, S. 34ff.
[216] Vgl. Roysircar Sodowsky, G. et al: Ethnic Identity of Asians in the United States, In: Ponterotto, Joseph G. et al (Hrsg.): Handbook of multicultural counselling, Thousand Oak: Sage 1995, S. 138f.
[217] Ebda., S. 139f.
[218] Vgl. Mecheril, Paul/Bales, Stefan: Über Zusammenhänge zwischen multikultureller und postmoderner Identität, In: Systeme, 8/2, 1994, S. 43.

fühl.

- *Partielle subjektive kulturelle Zugehörigkeit:* Das Individuum kombiniert die von ihm ausgewählten Komponenten der ererbten Kultur mit ausgewählten Komponenten der Kultur der Mehrheit.[219]

Die pluralistische Gesellschaft fordert uns zu pluralistischen Haltungen ihr gegenüber auf. Unter diesem Gesichtspunkt definiert Bilden[220] die Identität als dynamisches System vielfältiger „Selbst". Die innere Vielfalt und Beweglichkeit wird als eine Notwendigkeit betrachtet, denn solche Identität ist eine Voraussetzung für den Umgang mit Pluralität in der Gesellschaft. Diese Identität erlaubt es dem Individuum, dass Leben in verschiedenen soziokulturellen Kontexten zu gestalten, ohne „eine leidvolle Spannung" und das Gefühl der Zerrissenheit erleben zu müssen.[221]

Demnach bietet die Auseinandersetzung mit kulturell heterogenen Kontexten dem Individuum *„eine Chance zum Wachstum, eine Bereicherung durch neue Erfahrungen, eine Ausweitung der Identität."*[222]

---

[219] Vgl. Kunz-Makarova, Elena: Multikulturelle Identität – Notwendigkeit und Chance. Bern: Universität Bern, Institut für Pädagogik, Abteilung Pädagogische Psychologie 2002, S. 3.
[220] Vgl. Bilden, Helga: Das Individuum - ein dynamisches System vielfältiger Teil-Selbste, In: Keupp, Heiner/Höfer, Renate (Hrsg.): Identitätsarbeit heute. Klassische und aktuelle Perspektiven der Identitätsforschung, Frankfurt a. M.: Suhrkamp 1997, S. 228.
[221] Vgl. Bilden, Helga: Das Individuum, S. 237ff und S. 246.
[222] Zit.nach Hamburger: Identität, 1998, S. 134.

3. Empirischer Teil – Das Interview

Um auf die gestellten Untersuchungsfragen Antworten zu erhalten, müssen sozialwissenschaftliche Verfahren gezielt eingesetzt werden. Dabei muss aus einer theoretisch geleiteten Perspektive ein Erhebungskonzept entwickelt werden, wie die Daten gewonnen und analysiert werden sollen.[223]

3.1. Untersuchungsdesign

Die Vorarbeiten für diese Arbeit waren Literaturrecherchen zur Migration von Hochqualifizierten und deren Ursachen, zu Migrations- und Akkulturationstheorien sowie theoretische Ansätze zur kulturellen Identität, die folgende Art der Untersuchungsmethode vorschlagen:

Für die empirische Untersuchung habe ich die Methode des problemzentrierten Leitfadeninterviews gewählt, da diese Herangehensweise viel Raum für die Abbildung der Wirklichkeit der Zielgruppe – hier Hochqualifizierte tschechischer Herkunft – zulässt. Die Zahl der befragten Personen betrug 10 Probanden, was auf eine qualitative Untersuchung schließen lässt. Aufgrund der Anlage der Arbeit mit einem explorativer Charakter wurde auf quantitative Untersuchungsmethode verzichtet.

Wie der Begriff schon andeutet, gehört das problemzentrierte Interview zu den Methoden der qualitativen Feldforschung. Diese lässt sich im Vergleich mit quantitativer Forschung durch die folgenden drei Merkmale kennzeichnen: durch das Nachvollziehen des subjektiv gemeinten Sinns, durch die genauere Beschreibung des sozialen Handelns und der sozialen Milieus und durch die Rekonstruktion tiefer liegender Strukturen sozialen Handelns. Alle diese Punkte fokussieren mit unterschiedlicher Schwerpunktsetzung auf die Konstruktion sozialer Wirklichkeiten und knüpfen somit wissenschaftstheoretisch an Ansätze des Konstruktivismus an. Der Sozialforscher Flick geht davon aus, dass sich der Konstruktivismus mit dem Entstehen vom Wissen beschäftigt sowie damit, welcher Wissensbegriff angemessen ist und welche Kriterien zur Wissensbewertung herangezogen werden können. Seiner Ansicht nach ist dies für die qualitative Forschung sehr wichtig, da sie Wissen schafft und dabei an spezifischen

---

[223] Vgl. Steinke, Ines: Gütekriterien qualitativer Forschung, In: Flick, Uwe/Kardorff, Ernst von/Steinke, Ines (Hrsg.): Qualitative Forschung. Ein Handbuch, Reinbek bei Hamburg 2003, S. 328.

Wissensformen empirisch ansetzt, wie z.B. biographisches Wissen, Experten- oder Alltagwissen.[224]

Die Datenerhebung in der qualitativen Sozialforschung ist maßgeblich von zwei Prinzipien geprägt. Erstens dem *Prinzip der Offenheit* und zweitens dem *Prinzip der Kommunikation*.[225] *Das Prinzip der Offenheit* bedeutet eine offene Herangehensweise des Forschers an den Befragten. Der Befragten soll nicht als Informationsträger betrachtet und nur zum Zweck der Datenwiedergabe genutzt werden, sondern es soll ihm eine gewisse Kompetenz eingeräumt werden, welche dem Befragten eine expertenähnliche Funktion verleiht.
Das Prinzip der Kommunikation kann als folgende Formel betrachtet werden: Forschung bedeutet Kommunikation, und Kommunikation beinhaltet die Forschung. Jede Forschung basiert auf dem kommunikativen Prozess zwischen dem Untersuchten und dem Untersuchenden. Ebenfalls wird die Interaktion bzw. die Kommunikation als charakteristischer Forschungsbestandsteil in der qualitativen Forschung begriffen. Kommunikation ist die Voraussetzung der Datenerhebung und zugleich ein Rahmen für diese und oft auch selbst der Forschungsgegenstand. Der Forscher erfüllt dabei die Rolle einer in die Datenerhebung miteinbezogener Person und nicht eines distanzierten Beobachters. Der Verlauf des Interviews, sein Erfolg oder Misslingen hängen direkt von der kommunikativen Fähigkeit des Forschers ab.[226]
Die Ziele der qualitativen Sozialforschung haben eine gemeinsame Hauptintention: Die „Lebenswelten" von innen heraus zu beschreiben.[227] Das beabsichtigt auch die folgende Untersuchung.

Die vorliegende Erhebung nutzte als Befragungsart das offene themenzentrierte Interview nach Witzel[228]. Das themenzentrierte Interview ist ein theoriegenerierendes Verfahren, das durch entsprechende Kommunikationsstrategien zum einen auf die Darstellung der subjektiven Problemsicht zielt. Zum anderen werden die angeregten Narrationen durch Dialoge ergänzt, die das Ergebnis von leitfadengestützter Nachfragen sind.[229] Im Gegensatz zu dem oft

---

[224] Vgl. Flick, Uwe: Wissenschaftstheorie und das Verhältnis von qualitativer und quantitativer Forschung, In: Mikos, Lothar/Wegener, Claudia (Hrsg.): Qualitative Medienforschung. Ein Handbuch. Konstanz 2005, S. 20f.
[225] Vgl. Lamnek, Siegfried zit. nach Keuneke, Sussane: Qualitatives Interview, In: Mikos, Lothar/Wegener, Claudia (Hrsg.): Qualitative Medienforschung. Ein Handbuch. UVK Verlagsgesellschaft. Konstanz 2005, S. 254
[226] Vgl. Lamnek, Siegfried zit. nach Keuneke, Sussane: Qualitatives Interview, In: Mikos, Lothar/Wegener, Claudia (Hrsg.): Qualitative Medienforschung., S. 255ff.
[227] Vgl. Flick, Uwe: Qualitative Sozialforschung. Eine Einführung, Reinbeck bei Hamburg 2007, S. 28.
[228] Vgl. Witzel, Andreas: Verfahren der qualitativen Sozialforschung. Überblick und Alternativen, Frankfurt: Campus-Verlag 1982.
[229] Ebda., S. 23.

zur Erfassung von Lebenserfahrungen verwendeten narrativ-biographischen Interview[230] gibt das themenzentrierte Interview durch einen Leitfaden den Fokus stärker vor, was im Rahmen der vorliegenden Untersuchung effektiver erschien. Durch einen Leitfaden wird das Gespräch teilweise strukturiert, es soll aber die Möglichkeit bieten, die Interviewperson möglichst frei sprechen zu lassen, um einem offenen Gespräch möglichst nahe zu kommen. Der Fokus ist trotzdem auf eine bestimmte Problemstellung gerichtet, die der Forscher benennt und auf die er immer wieder während des Gesprächs verweist.[231] Für die Ziele der Untersuchung war es wichtig, nicht nur den Einfluss des sozioökonomischen Status von Hochqualifizierten tschechischer Herkunft auf die Akkulturationsstrategien zu erforschen, sondern auch die Hintergründe dieser zu erfahren. Dabei spielten die Biographien der Probanden und damit oft zusammenhängende Alltagserlebnisse eine entscheidende Rolle.

Die vorliegende Untersuchung hat nicht die Intention, einen repräsentativen Überblick über die Akkulturationsstrategien der Hochqualifizierten tschechischer Herkunft in Deutschland zu geben, sondern neben explorativ gewonnen Ergebnissen auch auf die lückenhafte Forschungslage bezüglich dieser Migrantengruppe hinzuweisen.

3.2. Aufbau des Leitfadens

Im Leitfaden werden die Untersuchungsthemen als Gedächtnisstütze und Orientierungsrahmen zur Sicherung der Vergleichbarkeit der Interviews festgehalten.[232] Darüber hinaus wird das Gespräch in einer gewissen Richtung gelenkt, soll aber dem Gesprächspartner so viel Offenheit belassen, dass eigene Gedanken zum Thema eingebracht werden können. Der Leitfaden beginnt mit einer offenen vorformulierten Einleitungsfrage, die ein Mittel der Zentrierung des Gesprächs auf das zu untersuchende Problem ist. Zugleich ermöglicht sie dem Interviewpartner, von alleine die den Forscher interessierenden Fragen abhandeln, so dass dieser mit seinen spezifischen Nachfragen an der Vorgabe des Interviewspartners ansetzen kann. Die angegebene Reihenfolge der Fragen ist nicht bindend und sollte den natürlichen Fluss des Gesprächs möglichst nicht stören. Wenn das Gespräch neue Aspekte ergibt, können

---

[230] Vgl. Schütze, Fritz: Biographieforschung und narratives Interview, In: Neue Praxis, 13. Jg. (1983), H. 3, S. 283ff, In: http://www.ssoar.info/ssoar/files/2009/950/schuetze biographieforschung_und_narratives_interview.pdf , Zugriff am: 27.03.2011
[231] Vgl. Mayring, Phillip A. E.: Einführung in die qualitative Sozialforschung, Psychologie Verlags Union, Weinheim 2002, S.67.
[232] Vgl. Witzel, Andreas: Das problemzentrierte Interview, In: *Forum Qualitative Sozialforschung* [Online Journal], 1. Jg. (2000), H. 1, In: http://qualitative-research.net/fqs/fqs.htm, Zugriff am: 27.03.2011

zusätzliche Fragen gestellt werden.[233]

Wie schon oben erwähnt nutzte die vorliegende Untersuchung als Befragungsart das offene themenzentrierte Interview. Dies ist als ein geeignetes Verfahren angesehen, Erfahrungen und Wahrnehmungen zum Thema der Akkulturation und kulturellen Identität der Migranten zu untersuchen, da diese Methode interkulturell reflektiert angewendet und erprobt wurde.[234] Es war wichtig, dass sich die Befragten ausführlich zu den Fragen äußern konnten und gleichzeitig – mit Hilfe der Leitfadenorientierung – nicht weit vom Thema des Gesprächs abwichen.

Vor dem Interview wurde ein Leitfaden entwickelt, womit die Gespräche strukturiert und gesteuert wurden. Der verwendete Leitfaden lässt sich in vier inhaltlichen Teile gliedern. Am Anfang wurde eine offene Frage zum Thema Gründe der Migration und Anfangssituation in Deutschland gestellt. Im weiteren Teil sollte im kurzen Rückblick über die Lebensumstände und den beruflichen Weg vor der Migration nach Deutschland erzählt werden. Der dritte Abschnitt sollte der Erkennung der bei den befragten Hochqualifizierten vorhandenen Akkulturationsstrategien in Deutschland helfen. Neben dem Thema Identifikation mit der jeweiligen Kultur wurden auch Themen wie Sprachkenntnisse, soziale Kontakte, Freizeitaktivitäten sowie Schwierigkeiten in Deutschland aufgegriffen. Der Abschlussteil konzentrierte sich auf die Zukunftspläne der Probanden.[235]

Durch die offene Einleitungsfrage ließen sich schon einige Fragen klären, deswegen entsprachen die einzelnen Abschnitte des Interviews in ihrer Reihenfolge also nicht immer den oben dargestellten Themenbereichen.

Angesichts des Migrationshintergrundes der Befragten wurde der Leitfaden in deutscher sowie in tschechischer Sprache entwickelt.

---

[233] Vgl. Przyborski, Aglaja: Qualitative Sozialforschung: ein Arbeitsbuch, korrigierte Auflage, München, Oldenburg 2010, S. 138f.
[234] Vgl. Behrensen, Birgit/ Groß, Verena: Auf dem Weg in ein normales Leben? Eine Analyse der gesundheitlichen Situation von Asylsuchenden in der Region Osnabrück: Forschungsergebnisse des Teilprojekts Regionalanalyse im Rahmen der EQUAL-Entwicklungspartnerschaft Sprache und Kultur: Grundlagen für eine effektive Gesundheitsversorgung, Osnabrück 2004.
Vgl. Behrensen, Birgit/Westphal, Manuela: Berufliche erfolgreiche Migrantinnen. Rekonstruktion ihrer Wege und Handlungsstrategien, Expertise im Rahmen des Nationalen Integrationsplans, Osnabrück, IMIS-Beiträge 2009.
[235] Der ausführliche Interviewleitfaden findet sich im Anhang in dieser Arbeit.

3.3. Auswahl der Probanden

Die Auswahl der Probanden bestimmten zwei Kriterien: der Migrationshintergrund und der hochqualifizierte Status.

Für die Interviews wurden Hochqualifizierte mit medizinischem Hochschulabschluss tschechischer Herkunft gewählt, die ihren Bildungstitel in der Tschechischen Republik erworben haben und nach 1989 nach Deutschland bzw. Berlin migriert sind. Die zeitliche Abgrenzung ist für die Ergebnisse der Untersuchung relevant, da die tschechischen Bürger nach 1989 unter ganz anderen Bedingungen ihre Heimat verlassen haben oder immer noch verlassen als die Bürger vor dem Zerfall des Eisernen Vorhangs im Jahr 1989.

Auch meine tschechische Herkunft begründet die Auswahl der Probanden aus der Tschechischen Republik. Die tschechische Muttersprache sollte den Zugang zu den Probanden erleichtern und Vertrauen bei der Kontaktaufnahme hervorrufen.

Die Suche nach geeigneten InterviewpartnerInnen gestaltete sich zu Beginn der Untersuchungsphase problematischer als erwartet. Da ich die Berufsgruppe der Ärzte gewählt habe, erfolgte die Suche nach Probanden sowie die darauf folgende Kontaktaufnahme über die Ärzte Kammer in Berlin. Sehr hilfreich war mir ein Internetportal, in dem die Möglichkeit bestand, die Ärzte nach Nachnamen und der beherrschenden Sprache der Mediziner auszusuchen.[236] Da ich selbst eine Tschechin bin, war es für mich nicht schwierig, tschechische Nachnamen zu erkennen.

Im zweiten Schritt wurden die ausgesuchten Ärzte telefonisch oder per E-mail kontaktiert. Insgesamt wurden 20 Personen angesprochen. Dabei stellte sich heraus, dass nicht alle Probanden für die Untersuchung geeignet waren, da sie nicht den Bedingungen der Auswahlkriterien entsprachen. Neun der angesprochen Ärzte immigrierten schon vor 1989 nach Deutschland, fünf Ärzte hatten zwar einen tschechischen Nachnamen, sind aber in Deutschland geboren und die deutsche Staatsangehörigkeit besitzen. Nur sechs Ärzte entsprachen den Bedingungen der Untersuchung (Immigration nach 1989) und waren auch bereit sich an dem Interview zu beteiligen. Über eine Art des Schneeballsystems erklärten sich auch weitere Ärzte bereit, ein Interview zu geben. Jede bereits befragte Person war gerne bereit, Kontaktdaten von geeigneten Personen aus ihrem eigenen Umfeld zu vermitteln. Insgesamt konnten schließlich zehn Interviews mit Ärzten tschechischer Herkunft in unterschiedlicher Länge geführt und aufgezeichnet werden. Dabei handelte sich um sechs Männer und vier Frauen im Alter zwischen 32 und 55 Jahren. Von den befragten Personen sind keine miteinander ver-

---

[236] www.aerzte-berlin.de, Zugriff am: 22.03.2010.

wandt, zwei von ihnen sind Arbeitskollegen.

3.4. Feldforschung

Die Interviews wurden in der Zeit von Anfang Mai bis Anfang Oktober 2010 in Berlin mit zehn Probanden durchgeführt. Die Datenerhebung war nur für die Monate Mai, Juni und Juli 2010 geplant, doch wegen der beruflichen Auslastung und Urlaubszeit der Befragten wurden einige Interviews auf Anfang Oktober 2010 verschoben. Die Interviewdauer betrug zwischen 45 und 90 Minuten. Vier Interviews fanden am Arbeitsplatz der Befragten statt, zwei Interviews bei den Befragten zu Hause, drei Interviews wurden bei mir zu Hause durchgeführt und ein Interview in einem öffentlichen Cafe. Dieses Gespräch, wie zu vermuten war, konnte nicht aufgrund der Geräuschkulisse im Cafe gut aufgenommen werden, deswegen sind wir spontan zu der Befragten nach Hause gefahren. Dies hat die Befragte selbst vorgeschlagen.

Bei den Gesprächen waren keine anderen Personen anwesend, die den Verlauf des Interviews beeinträchtigt hätten. In zwei Fällen musste das Gespräch unterbrochen werden. Im ersten Fall wurde das Gespräch zweimal unterbrochen, da die Kinder der Befragten von der Schule nach Hause kamen, als das Gespräch bei der Befragten zu Hause stattfand. Im zweiten Fall wurde der Befragte zur Visite gerufen. Dieses Gespräch fand am Arbeitsplatz statt.

Trotz dieser Vorkommnisse konnten beide Gespräche problemlos fortgesetzt werden, ohne dass dies negative Auswirkungen auf den Interviewverlauf hatte.

Am Anfang des Interviews wurde den Gesprächspartnern das betreffende Untersuchungsinteresse kurz vorgestellt und die Anonymität der gewonnenen Daten versichert. Des Weiteren wurden die zur Einordnung der jeweiligen Interviewpartner relevanten soziodemographischen Daten (Alter, Bildung der Eltern usw.) mit einem schriftlichen Kurzfragebogen erfasst und als Kurzprofile festgehalten.[237] Da das themenzentrierte Interview eine Aushandlung der subjektiven Sichtweise der Interviewten zum Ziel hat, wird es von den soziodemographischen Fragen, die als Frage-Antwort-Schema aufgebaut sind, entlastet.[238]

Um die Gespräche vollständig transkribieren und rekapitulieren zu können sowie eine Ablenkung zu vermeiden, die durch handschriftliche Protokolle entstehen, wurden alle Interviews, mit Einverständnis der Befragten, mit einem digitalen Aufnahmegerät aufgezeichnet. Bei einigen Befragten führte dies zu einer kleinen Verunsicherung am Anfang des Gesprächs, z.

---

[237] Siehe Kapitel 4.1. in dieser Arbeit.
[238] Vgl. Witzel, Andreas: Das problemzentrierte Interview, 2000, In: http://arbeitsblaetter.stangl-taller.at/FORSCHUNGSMETHODEN/ProblemzentriertInterview.shtml, Zugriff am: 27.03.2011

B. wegen des Akzentes, was sich aber im Verlauf des Interviews wieder legte:

„(...) dann hören Sie meinen Akzent, das habe ich nicht gern (...)" [lacht] Hana, 52 Jahre, Zahnärztin in eigener Praxis

Zwei von zehn Interviews wurden auf eigenen Wunsch der Befragten in der tschechischen Sprache durchgeführt. Für die vorliegende Auswertung wurden die verwendeten Zitate, die auf Tschechisch aufgenommen wurden, jedoch von mir sinngemäß übersetzt.

Nach der Datenerhebung wurde jedes Interview vollständig transkribiert und ausgewertet. Ausreichend für das inhaltsanalytische Auswertungsverfahren war dabei ein Minimum an Transkriptionsregeln. Zur besseren Lesbarkeit wurden die Interviews den deutschen Interpunktionsregeln angepasst. Zur Sicherung der zugesagten Anonymisierung wurden alle genannten Namen und Orte gekürzt und verändert.

3.5. Auswertungsverfahren

Für die Auswertung wurde die qualitative Inhaltsanalyse nach Mayring[239] gewählt. Bei dieser Analyse handelt es sich um ein Verfahren, bei dem aus einem sprachlichen Material regelgeleitet und systematisch Informationen gewonnen werden. Es gibt verschiedene Verfahren und Techniken qualitativer Inhaltsanalyse, die je nach Fragestellung, Material und Umfang modifiziert werden können. *„Die Inhaltsanalyse ist kein Standardinstrument, das immer gleich aussieht; sie muss an den konkreten Gegenstand, das Material angepasst sein und auf die spezifische Fragestellung hin konstruiert werden."*[240]

Mayring unterscheidet drei Entwicklungsschritte bei der qualitativen Inhaltsanalyse:

1. Zusammenfassung: Im ersten Schritt wird das Datenmaterial so reduziert, dass die wesentlichen Inhalte nicht verloren gehen.
2. Explikation: Im zweiten Schritt wir zu den unverständlichen Textstellen zusätzlich Datenmaterial ausgesucht, das diese zu erklären versucht.
3. Strukturierung: Zuletzt werden nach dem bereits gebildeten Kriterien bzw. Kategorien bestimmte Aspekte aus dem Datenmaterial herausgefiltert. Damit wird anhand der bestimmten Kategorien ein Querschnitt durch das Material gezogen und bewertet.[241]

---

[239] Vgl. Mayring, Phillip A. E.: Qualitative Inhaltsanalyse. Grundlagen und Techniken, 8. Aufl. (1. Auflage 1983), Beltz, UTB, Weinheim 2003.
[240] Zit. nach Mayring: Qualitative Inhaltsanalyse, 2003, S. 43.
[241] Vgl. Mayring: Qualitative Inhaltsanalyse, 2003, S. 58f.

Ein zentraler Punkt in der Inhaltsanalyse ist ein *Kategoriensystem*. Das Kategoriensystem ist sowohl Ergebnis als auch Instrument der Inhaltsanalyse. Es wird aus den vorliegenden Daten gewonnen und dient als Einschätzungsinstrument für diese.[242]

Die vorgestellte qualitative Inhaltsanalyse wurde für das folgende Auswertungsverfahren gewählt, da sie eine nahe Orientierung am vorliegenden sprachlichen Material ermöglicht. Dadurch wird sie dem Umfang des Interviews und dem bereits formulierten Anspruch gerecht, eine explorative Untersuchung des Gegenstandes vorzunehmen. Durch die Inhaltsanalyse sollten in der vorliegenden Untersuchung biographische Erfahrungen, Werte und Einstellungen der Befragten erfasst, geordnet und beschrieben werden. Aufgrund dessen wurde ein *Kategoriensystem* erstellt, das sich auf die schon im Interviewleitfaden[243] bereits gebildeten vier thematischen Komplexe bezieht. Des weiteren wurden die Kategorien im Zusammenhang vom konkreten sprachlichen Material und theoretischen Aspekten entwickelt.

Im Folgenden werden die Ergebnisse der Felduntersuchung dargestellt.

---

[242] Ebda., S. 60f.
[243] Siehe Kapitel 4.2. in dieser Arbeit.

4. Analyse und Ergebnisse der Felduntersuchung

4.1. Charakterisierung der Hochqualifizierten tschechischer Herkunft

Laut des Statistischen Bundesamtes Deutschland leben in der Bundesrepublik Deutschland zum heutigen Zeitpunkt über 7 Millionen Bürger ausländischer Herkunft[244]. Dies stellt einen Anteil von etwa 9% der gesamten Bevölkerung Deutschlands dar.

Unter der in Deutschland lebenden ausländischen Bevölkerung nehmen die Tschechen mit etwa 34 000 (zum 31.12.2009)[245] Menschen einen Anteil von 0,5% ein, was unter der gesamten deutschen Bevölkerung einen Prozentsatz von 0,04% bildet. Nach den statistischen Angaben stellt jede(r) Tschechin/e eine Person mit Durchschnittsalter von 36 Jahren dar, die sich ungefähr fast 11 Jahre in Deutschland aufhält.[246] In Berlin waren es zum 31.12.2010 etwa 1500 melderechtlich registrierte Tschechen, davon 1166 zwischen 15- 65 Jahren.[247]

Im Jahr 2009 gab es etwa 30% Personen ausländischer Herkunft mit Hochschulabschluss in Deutschland.[248] Wie viel Hochqualifizierte tschechischer Herkunft sind, ist unbekannt, da die Hochqualifizierten allgemein als Ausländer oder als Personen aus den neuen EU-Ländern erfasst werden.

Für die vorliegende Untersuchung wurde die Gruppe der Hochqualifizierten mit einem medizinischen Hochschulabschluss tschechischer Herkunft gewählt, um eine Homogenität bei den Kontextfaktoren der Gruppe zu erreichen.

Die Zahl der in Deutschland lebenden und praktizierenden Ärzte mit Migrationshintergrund übersteigt die Zahl der abgewanderten deutschen Ärzte deutlich, mit ebenfalls steigender

---

[244] Ausländerinnen und Ausländer sind Personen, die nicht Deutsche im Sinne des Artikels 116 Absatz 1 des Grundgesetzes sind. Dazu zählen auch Staatenlose und Personen mit ungeklärter Staatsangehörigkeit. Ausländer können in Deutschland geboren oder zugewandert sein.
Bundesinstitut für Bevölkerungsforschung: Ausländische Bevölkerung, In: http://www.bib-demografie.de/cln_090/nn_749852/SharedDocs/Glossareintraege/DE/A/auslaendische__bevoelkerung.html, Zugriff am: 03.01.2011
[245] Vgl. Statistisches Bundesamt Deutschland: Ausländer: Deutschland, Stichtag, Geschlecht, Staaten der EU, In: http://offenedaten.de/package/destatis-statistik-12521, Zugriff am 08.02.2011.
[246] Vgl. Statistisches Bundesamt Deutschland: Bevölkerung und Erwerbstätigkeit. Ausländische Bevölkerung. Ergebnisse des Ausländerzentralregisters 2010, S. 89, In: http://www.destatis.de, Zugriff am: 08.02.2011.
[247] Vgl. Statistischer Bericht: Melderechtlich registrierte Ausländer im Land Berlin am 31.12.2010, S. 15, In: http://www.statistik-berlin-brandenburg.de/Publikationen/Stat_Berichte/2011/SB_A1-6_hj02-10_BE.pdf . Zugriff am: 08.02.2011
[248] Vgl. Statistisches Bundesamt Deutschland: Bevölkerung und Erwerbstätigkeit. Bevölkerung mit Migrationshintergrund. Ergebnisse des Mikrozensus 2009, S. 172, In: http://www.destatis.de, Zugriff am: 08.02.2011.

Tendenz. Ca. 30% der zuwandernden Ärzte kommen aus Osteuropa[249]. Bis zum Ende des Jahres 2009 wurden insgesamt 392 Ärztinnen und Ärzte aus der Tschechischen Republik bei den Landesärztekammern registriert.[250] Aus dieser Zahl geht allerdings nicht hervor, wo die medizinische Grundausbildung abgeschlossen wurde. Wichtig zu beachten ist, dass die Anzahl der bei den Landesärztekammern registrierten Ärztinnen und Ärzte nicht unbedingt gleich der Anzahl der tschechischen Ärztinnen und Ärzte in Deutschland ist, die tatsächlich im Besitz einer ärztlichen Zulassung sind.

An der Untersuchung nahmen zehn Personen teil, davon sechs Männer und vier Frauen. Zum Zeitpunkt der Befragung lebten und arbeiteten alle in Berlin, allerdings waren nicht alle in ihrem gelernten Beruf tätig. Das Alter der Befragten lag zwischen 32 und 52 Jahren. Sieben der Befragten waren verheiratet und haben Kinder, zwei lebten in einer festen Beziehung ohne Kinder und ein Befragter ohne Partner und kinderlos.

Die Aufenthaltsdauer der interviewten Personen beträgt längstens 17 Jahre und die kürzeste anderthalb Jahre. Nach Deutschland sind sieben der Befragten alleine eingereist, die restlichen drei Befragten mit Familienangehörigen, bei einem hat es ein Familiennachzug gegeben. Alle Befragten besitzen die unbefristete Aufenthaltserlaubnis sowie die Arbeitsberechtigung. Zum Zeitpunkt der Befragung waren außer einer Befragten, die gerade im Erziehungsurlaub war, fast alle tätig in dem Beruf, der ihrer Qualifikation entspricht. Nur eine Befragte arbeitete im Beruf, der ihrer Qualifikation nicht entspricht. Aufgrund der Nichtanerkennung ihres Berufstitels als Kinderärztin, arbeitete die Befragte als Krankenpflegerin in einem Krankenhaus. Einer der Befragten befand sich gerade in einem Praktikum im medizinischen Bereich.

---

[249] Vgl. Dr. med. Güntenberg, Klaus: Mehr Ärzte in Deutschland: Gibt es dennoch einen Ärztemangel? Ärztemangel und ärztliche Versorgung in Deutschland, In:Berliner Ärzteblatt (Rotes Blatt), 122. Jg. 2009, H. 6, S. 13-16, In: *www.dr-guenterberg.de/publikationen/0909/Aerztemangel-Langfassung.pdf*
[250] Vgl. Landesärztekammer: Ärzte/innen aus Tschechischer Republik, In: http://www.baek.de/page.asp?his=0.3.8175.8184, Zugriff am: 10.02.2011

Alle soziodemographischen Daten der befragten Personen sind in der nachstehenden Tabelle zusammengefasst:

Tabelle 4: Soziodemographische Daten der Befragten

Name verändert	Jahr-gang	Geschlecht	Aufenthalts-dauer	Familien-stand	Kinder	Beruf vor der Migration	Beruf nach der Migration	Bildung der Eltern
Hana	1959	W	17 Jahre	Verheiratet	Ja	Zahnärztin in der Gemeinschaftspraxis	Zahnärztin in eigener Praxis	Beide Akademiker
Michal	1968	M	16 Jahre	Verheiratet	Ja	Augenarzt im Krankenhaus	Augenarzt in eigener Praxis	Beide Akademiker
Jana	1970	W	14 Jahre	Verheiratet	Ja	Kinderärztin	Kinderärztin	Beide Akademiker
Ola	1969	W	13 Jahre	Verheiratet	Ja	Allgemeine Ärztin	Allgemein-ärztin z.Z. Im Mutterschaftsurlaub	Vater: Akademiker Mutter: Angestellte
Petr	1976	M	7 Jahre	Ledig	Nein	Allgemeinarzt	Allgemeinarzt	Beide Angestellte
Jan	1974	M	5,5 Jahre	Ledig	Nein	Allgemeinarzt in der Gemeinschaftspraxis	Assistenzarzt	Vater: Angestellter Mutter: Arbeiterin
Pavel	1966	M	5 Jahre	Verheiratet	Ja	Onkologe im Krankenhaus	Onkologe an der Uni-Klinik	Vater: Akademiker Mutter: Angestellte
Jaromir	1969	M	4,5 Jahre	Verheiratet	Ja	HNO - Arzt in der Gemeinschaftspraxis	HNO-Arzt in der Charite	Beide Angestellte
Karel	1979	M	3 Jahre	Ledig	Nein	Medizinstudent	Praktikant an der Uni-Klinik für Chirurgie	Beide Arbeiter
Zuzana	1964	W	1,5 Jahre	Verheiratet	Ja	Kinderärztin	Krankenpflegerin im Krankenhaus	Vater: Akademiker Mutter: Angestellte

Eigene Darstellung. Nach Aufenthaltsdauer (von lange bis kurze) geordnet.

Die soziodemographischen Daten der Befragten spiegeln sowohl die Ost-West-Migration nach dem Fall des Eisernen Vorhangs im Jahr 1989, als auch die Migration nach dem Beitritt der Tschechischen Republik in die Europäische Union (EU) im Jahr 2004 wieder, wobei mehr als die Hälfte der Befragten nach dem Jahr 2004 auswanderte.

4.2. Herkunftsfamilien der Hochqualifizierten tschechischer Herkunft

Die sozialen Positionierungen der Herkunftsfamilien sowie Beziehungen und Vorbilder haben die Werdegänge der Befragten mitbestimmt. In den meisten Fällen widerspiegeln die sozialen Positionierungen der Herkunftsfamilien die Biographien der Befragten. Außer vier stammen alle Befragten aus Akademikerfamilien, in denen mindestens ein Elternteil einen Hochschulabschluss hat und sich in einer entsprechenden beruflichen Position etablieren konnte. Sechs von zehn Befragten übernahmen den akademischen Status der Herkunftsfamilie, vier von zehn kommen aus dem Arbeiter- und einfachen Angestelltenmilieu und sind dementsprechend als BildungsaufsteigerInnen zu bezeichnen.

Wenn man die jeweiligen Beziehungen der Befragten zu ihren Eltern näher beleuchtet, fällt auf, dass sie sich an dem Elternteil orientierten, der einen hohen Bildungsgrad aufwies. War dies bei beiden Eltern der Fall, orientierten sie sich entweder an beiden oder an der Mutter. Im Fall, wo beide Eltern aus dem Arbeiter- oder einfachen Angestelltenmilieu kamen, ist auffallend, dass die Befragten umso mehr motivierter waren, ihre berufliche Zukunft besser zu gestalten, als ihre Eltern.

Man muss berücksichtigen, dass es sich in drei von vier Fällen um Eltern handelt, die zu ihrer Zeit gern studiert hätten. Aufgrund der repressiven Bedingungen in der damaligen Tschechoslowakischen sozialistischen Republik (ČSSR) war die Wahl des Studiums und der Besuch einer höheren Schule von der politischen Zuverlässigkeit der Bürger abhängig und die Auswirkungen wurden sichtbar:

„Meine Eltern litten unter dem Kommunismus, vor allem meine Mutter. Sie wollte Medizin studieren, aber weil ihre Bruder emigrierte, hatte sie Probleme überhaupt auf das Gymnasium zu gehen. Es war immer der Traum von meiner Mutter, dass ich Medizin studiere. Irgendwie fühlte ich mich verpflichtet, ihr den Traum zu erfüllen. Heute bin ich ihr sehr dankbar." **Petr, 35 Jahre, Allgemeinarzt**

Ähnliche Erfahrungen hatten auch andere Befragten:

„Mein Vater war immer gegen das Regime, ich weiß, dass er sehr frustriert war, dass er nie das machen konnte, was er wollte (...) Und nur [deswegen], dass er kein Mitglied in der Kommunistischen Partei war. Ich hatte das Glück die Wende noch in sehr jungen Jahren erlebt zu haben. Es öffneten sich ganz andere Möglichkeit als meine Eltern hatten, vor allem für das Studium. Ich wollte schon immer ein Kinderarzt werden, in der Schule hatte ich sehr

gute Noten und die Aufnahmeprüfung für das Medizinstudium habe ich auch gut bestanden."
Jaromir, 42 Jahre, HNO-Arzt

"Ich habe mir schon als Jugendlicher gewünscht, ein besseres Leben zu haben, als meine Eltern. In der Schule hatte ich einen Freund und seine Eltern hatten damals sehr viel Geld. Ich habe gesehen, wie das Leben schöner ist (...) Irgendwie Studieren wollte ich schon immer. Da ich in der Schule nie Probleme mit dem Lernen hatte, war das auch kein Problem." Karel, 33 Jahre, im Approbationsjahr an der Chirurgieklinik

Da im Laufe meiner Interviews die gesellschaftskritische Bewusstseinsbildung der Familien von Befragten als möglicher Einfluss auf die biographische Erfahrung und Handlungspotenzial zunehmend an Bedeutung gewann, wird dies kurz an dieser Stelle erwähnt, obwohl es zunächst nicht meine Absicht war. Die Reaktion der Familien auf die Politik in der damaligen ČSSR war unterschiedlich. In den meistens Fällen der Befragten fand eine Auseinandersetzung mit der herrschenden Politik vor 1989 statt. In fünf Fällen waren die Eltern überzeugte Antikommunisten, aber nur für das „Wohl der Familie" waren sie Mitglieder der Kommunistischen Partei. In drei Fällen der Befragten waren die Väter überzeugte Kommunisten. In zwei Fällen versuchten die Väter gegen das Regime anzukämpfen, wobei sie und die ganze Familie in Folge dessen unter strikten Repressionen leben mussten.

In dieser Gruppe der Befragten (10 Probanden) wird die Familie immer als etwas Positives und stark Prägendes dargestellt, was damit begründet werden kann, dass in der tschechischen Gesellschaft die Werte wie der familiäre Zusammenhalt, Freundlichkeit und Fürsorglichkeit einen höheren Wert aufweisen als Erfolg bei der Arbeit, Leistung und Fortschritt.[251] (dies ist durch den Sozialismus in den Jahren 1948-1989 in der ehemaligen Tschechoslowakei bedingt, in dem die Familie als Zufluchtsort gegen das strikte Regime galt).

Ein Beweis dafür sind die folgenden Antworten:
„Ich hatte einen sehr guten und engen Kontakt zu meinen Eltern, bin fast jedes Wochenende mit meinem Sohn zu denen gefahren, auch Urlaub dort verbracht." Zuzana, 47 Jahre, Krankenpflegerin im Krankenhaus

„(...) unser Familienleben ist, glaube, sehr toll. Also zu Hause ist es ein bisschen wild, aber ich weiß, dass sich alle mögen, und dass es immer gut wird." Michal, 43 Jahre, Augenarzt in eigener Praxis

„Meine Eltern litten sehr, als ich Tschechien verlassen habe (...) Um so schwieriger war der Anfang in Deutschland für mich." Pavel, 45 Jahre, Onkologe

---

[251] Siehe Kapitel 2.4.2. in dieser Arbeit, S. 48.

Meine Ergebnisse deuten darauf hin, dass es uneindeutige geschlechtsspezifische Ausprägungen gibt, was die Dominanzverhältnisse sowie Vorbilder in der Familie betrifft. Väter sowie Mütter nehmen sowohl die dominante Position ein als auch ihre Rolle als Vorbild. Dies kann man damit begründen, dass in der tschechischen Gesellschaft angesichts der langfristigen und extensiven Partizipation der Frauen auf dem Arbeitsmarkt sowie ihren überwiegenden Selbstverständnis als Familienmiternährinnen ein Zweieinkommensmodel Platz fand und dies zur Gleichberechtigung zwischen Mann und Frau führte, was sich auch in den Familien wiederspiegelte.

Insgesamt haben die biographischen Ergebnisse gezeigt, dass die Familie eine wichtige Ressource darstellt. Obwohl die soziale Lage der Familien von Befragten ein heterogenes Bild zeigt, entschieden sich alle Befragten für einen Werdegang mit einem Hochschulabschluss. An dieser Stelle muss nochmal erwähnt werden, dass eine entscheidende Rolle die Transformation seit dem Jahr 1989 in der Tschechischen Republik spielte, was den Befragten ganz andere Bedingungen für ihre Werdegänge bereitete als deren Eltern.

4.3. Gründe für die Migration

In Hinblick auf das theoretische Kapitel über Ursachen und Entscheidungsprozesse, die zur Migration führen, sollen die Aussagen der Befragten über deren Motive mit den theoretischen Ansätzen verglichen werden.

Bei den Befragten ist das Abwägen der beruflichen Chancen zwischen dem Herkunfts- und Aufnahmeland ein bewusster Bestandteil des Migrationsprozesses. Wie schon aus den Bedingungen der Wahl der Probanden ersichtlich ist, verfügen alle Befragten bereits vor ihrer Einreise nach Deutschland sowohl über hoch qualifizierte Bildungsabschlüsse als auch über qualifizierte Berufserfahrung. Die berufliche Orientierung wirkt deutlich in die Entscheidungsprozesse zur Migration hinein.

Das höhere Einkommen und damit die Sicherung eines höheren Lebensstandards geben die Befragten als den wichtigsten Grund für eine Arbeitsmigration an, aber sie wird dann erst interessant, wenn das Einkommen mindestens doppelt so hoch ist wie in der Heimat. Mehr als die Hälfte der Befragten geben das schlechte Einkommen im Herkunftsland als Grund für die Migration an:

„Das gesellschaftliche Prestige der Ärzte in der Tschechischen Republik ist auf hohem Niveau, aber der Lohn entspricht dem nicht. Ich will nicht damit sagen, dass Ärzte etwas besseres sind als andere Akademiker, aber unser Lohn müsste mindestens dreimal so hoch sein, als der Durchschnittslohn in Tschechien." Karel, 33 Jahre, im Approbationsjahr

„Man hört immer wieder, wie viel die Ärzte im Ausland verdienen. Das kann man nicht mit unseren Löhnen vergleichen. Dabei müssen wir genauso viel leisten, wie die Ärzte z.B. in Deutschland oder England." Jan, 37 Jahre, Assistenzzahnarzt

Dies zeigt auch ein anderes Beispiel:

„(...) ich habe in Prag nach meinem Studium 8400,-Kč [Anm. des Verf.: ca 180,-EUR vor 10 Jahren] *monatlich verdient, die Abrechnungen habe ich noch zur Erinnerung (...)."* Michal, 43 Jahre, Augenarzt in eigener Praxis

Eine weitere Motivation für Arbeit im Ausland sind die Motive in Verbindung mit Entwicklung fachlicher und professioneller Weiterbildung. Fünf von zehn Befragten versprechen sich von der Arbeit im Ausland auch mehr Professionalität am Arbeitsplatz und die Möglichkeit, in einer renommierten medizinischen Einrichtung zu arbeiten. An dieser Stelle muss erwähnt werden, dass es sich um die Berufsgruppe der Mediziner handelt und dass man dies nicht für die anderen Berufsgruppen mit hoch qualifiziertem Status verallgemeinern kann:

„Ich wollte ins Ausland, um etwas Neues zu lernen, Erfahrungen sammeln und wieder zurück nach Tschechien. In Deutschland hat man mehr Möglichkeiten sich fachlich weiterzubilden und Erfahrungen zu sammeln. Ich arbeite an der Universität, da kann ich sehr viel von meinen Kollegen lernen." Pavel, 45 Jahre, Onkologe

„Ich habe ein Angebot nach Irland oder nach Deutschland bekommen. Für mein Fach bot sich eher die Stelle in Deutschland an, vor allem die renommierte medizinische Einrichtung (Name der Einrichtung) war für mich sehr verlockend. Ist gut für meine berufliche Entwicklung." Jaromir, 42 Jahre, HNO-Arzt

„ (...) dass ich eine neue Arbeit finde, die mehr Entwicklungsmöglichkeiten bietet" Jana, 41 Jahre, Kinderärztin

Neben den finanziellen Gründen sind für die Arbeit im Ausland auch Motive, die mit der Berufsausübung eines Arztes zusammenhängen, wichtig. Als einen wesentlichen Grund bezeichnet mehr als die Hälfte der Befragten die Möglichkeit, mit medizinischer Spitzentechnologie arbeiten zu können und die neuesten Verfahren bei der Diagnostik und Heilmethoden kennen zu lernen, Überblick auf internationaler Ebene zu bekommen, Kontakte zu knüpfen und ihre Sprachkenntnisse zu verbessern:

„In Tschechien ist die Technologie und die Einrichtung der Arztpraxis nicht überall auf dem besten Niveau, (...) natürlich ist es vom Fach abhängig und davon, ob es sich um eine private oder staatliche Praxis handelt. Sehr schlecht sind die staatlichen Krankenhäuser." Jan, 37 Jahre, Assistenzzahnarzt

„ (...) Ja, in Tschechien hat man sehr gute Uni-Ausbildung als Arzt, die teilweise sehr streng ist, aber hier hat man bessere Postgraduale (...) Wenn Sie hier die Uni verlassen, haben sie wesentlich bessere Möglichkeiten sich weiterzuentwickeln (...)." Michal, 43 Jahre, Augenarzt in eigener Praxis

„Ich konnte schon vorher Deutsch, aber so gut, wie ich die Sprache bei der Arbeit, vor allem die Terminologie, verbessert habe, nicht (...)." Jaromir, 42 Jahre, HNO-Arzt

Große Wichtigkeit wird bei der Migrationsentscheidung den Familiengründen zugemessen. Unter den Befragten, drei von zehn, gab es Migranten, die als Ehepartner nach Deutschland gekommen sind. Obwohl sie selbst als MedizinerInnen in Tschechien tätig waren, gaben sie ihren Beruf auf und folgten ihren Ehepartner nach Deutschland, der als Hauptverdiener der Familie gilt. Ihre Dequalifizierung in Deutschland am Anfang und im Laufe des Migrationsprozesses nahmen sie in Kauf:

„(...) Mein Mann arbeitet bei (Name) Firma und wir sind wegen seines Berufes ausgewandert." Ola, 42 Jahre, Allgemeinärztin

Diese Erfahrung ist auch aus dem Interview einer anderen Befragten deutlich:

„Mein Mann bekam eine sehr gute Stelle in (Stadt), wir sind, also ich und die Kinder, dann später nach Deutschland gekommen (...) Die erste Zeit blieb ich zu Hause, dann fiel mir die Decke auf den Kopf, wollte unbedingt arbeiten, aber mein Abschluss ist nicht anerkannt und ich kann nicht als Ärztin arbeiten (...) Ich muss die deutsche Approbation haben, dazu muss ich erst die Sprache beherrschen (...) Ich lerne fleißig, dazu habe ich eine Stelle als Krankenpflegerin im Krankenhaus gefunden, es ist nur vorübergehend, es ist gut für mich wegen der Sprache und vor allem bin ich unter Menschen (...) Mein Mann verdient sehr gut, ich habe nur eine Teilzeitstelle (...)" [sinngemäß vom Verf. Übersetzt] Zuzana, 47 Jahre, Krankenpflegerin

Genauso wichtig sind die privaten bzw. persönlichen Gründe, wobei die Liebe und Partnerschaft eine Rolle spielt. Bei drei von zehn Befragten waren die persönlichen Motive ein wichtiger Grund nach Deutschland auszuwandern. Bei diesen Migranten stehen eigene arbeits- und/oder weiterbildungsbezogene Motive bei den Migrationsentscheidungen sowie bei der Wahl des Zeitpunktes und des Ziellandes eindeutig im Hintergrund:

„Wir haben uns fast jedes Wochenende gesehen. Mein Freund und ich sind wir jedes Wochenende abwechselnd fast 300 km gefahren. So haben wir es fast zwei Jahre lang gemacht (...) Auf Dauer war es nichts. Wir müssten eine Entscheidung treffen, dann sagte ich, dass ich es probieren würde, ich meine, in Deutschland zu leben (...) Die ersten zwei Jahre waren schwer, aber dann habe ich mich ziemlich an (Stadt) gewöhnt, beherrschte auch schon so weit die Sprache, dass ich arbeiten konnte (...)." **Jana, 41 Jahre, Kinderärztin**

Eine ähnliche Entscheidung für Migration traf eine andere Befragte:

„Das war die Liebe zu meinem jetzigen Mann, ich habe ihn in Tschechien kennengelernt, es war ein Zufall, so wie es manchmal das Leben spielt. Ich hatte sonst keinen Grund auszuwandern, mir ging es in Tschechien sehr gut, meine, beruflich, ich arbeitete als Zahnärztin und wollte mich gerade selbstständig machen, in der Zeit habe ich meinen Mann kennengelernt. Hätte ich ihn nicht kennengelernt, würde ich nicht auswandern, glaube ich. Es waren also die persönlichen Gründe, warum ich nach Deutschland ging." **Hana, 52 Jahre, Zahnärztin in eigener Praxis**

Bei allen in der Befragung betroffenen Personen, die aus familiären- oder persönlichen Gründen ausgewandert sind, handelte es sich um Frauen, obwohl es sicherlich auch einige Männer geben mag, die ihren Frauen in die Emigration folgen.

Auch die Nähe zu Tschechien, bereits vorhandene Deutschkenntnisse und bessere Bildung für die Kinder spielten bei den Befragten bei der Migrationsentscheidung eine Rolle, wobei das bessere Einkommen in Deutschland im Vordergrund stand:

„ (...) ich beherrschte die Sprache sehr gut, dann war ich begeistert, wie hier Medizin gemacht wird. Es waren also mehrere Gründe. Dieser Umgang mit den Patienten, das Finanzielle war sehr attraktiv, und ich dachte, was ich hier lerne, wird für mich sehr wichtig sein. Ein Grund war auch die geographische Nähe, denn Berlin ist nicht so weit von Prag, es passte einfach. Damals war es auch so, dass die Kollegen in Prag sagten: „Mensch, so ein Angebot bekommst Du nie wieder, wenn Du 40 bist", ich war damals 26, also, deswegen bin ich gegangen." **Michal, 43 Jahre, Augenarzt**

„ (...) unter anderem die gute Bildungsperspektive für unsere Kinder hat uns in Deutschland gefallen, deswegen haben wir uns für Deutschland entschieden (...)" **Zuzana, 47 Jahre, Krankenpflegerin**

Für die Zunahme der Migrationsbewegungen sind die sozialen sowie beruflichen Netzwerke von großer Bedeutung. Netzwerke entstehen durch Kontakte der Emigranten untereinander, aber auch zu ehemaligen Auswanderern im Zielland. Frühere Emigranten helfen zum einen bei den Informationen über das Zielland, z. B. bei rechtlichen Regelungen. Zum anderen können sie bei der Einschätzung des neuen gesellschaftlichen Umfelds sowie Arbeitssuche unterstützen. Sie beschaffen die Informationen für diejenigen, die sie direkt oder indirekt aus ihrem Herkunftsland kennen. Dies sind meistens Personen aus der gleichen Herkunftsregion und/oder mit ähnlicher beruflicher Orientierung.

Bei zwei von zehn Befragten spielten die Informationen von ehemaligen Berufskollegen und Bekannten eine Rolle bei der Wahl des Landes. Dies war unter anderem ein Grund zum Auswandern:

„Ich wollte zuerst in die USA. In Deutschland kannte ich meinen ehemaligen Kollegen aus Tschechien, der mich darüber informierte, dass hier Ärzte gesucht werden (...) Ja, er war mein Vitamin -B, dies half mir bei der Entscheidung (...) Ich dachte, wenn es hier nicht klappt, kann ich immer noch in die USA auswandern (...).” Karel, 33 Jahre, im Approbationsjahr

Zusammenfassend lässt sich feststellen, dass die empirischen Ergebnisse zur Migrationsentscheidungen mit den in dieser Arbeit erläuterten theoretischen Ansätzen übereinstimmen.[252] (sozioökonomische, soziale und private Gründe). Bei den Befragten handelt es sich meist um ein Zusammenspiel mehrerer Motive, die zu Migrationsentscheidung führten, wobei ein höheres Einkommen, berufliche Perspektive und fachliche Weiterbildung sowie bessere Bildungs- und Zukunftschancen für die Kinder im Vordergrund standen.

Doch die Migrationsentscheidungen sind bei der untersuchten Gruppe nicht nur ökonomisch orientiert. Eine alleinige Beschränkung auf berufsorientierte Migrationsmotive scheint deswegen nicht mehr angemessen. Für viele Befragten ist nicht nur ihre eigene Situation wichtig, sondern auch die des (Ehe-)Partner bzw. der (Ehe-)Partnerin.

Des Weiteren lässt sich feststellen, dass die Befragten selbst den Migrationsprozess aktiv gestalten. Sie nutzen in der Regel nicht die internationale Vermittlung durch Personalberater, sondern sie vermögen direkt Kontakte in Deutschland aufzunehmen oder sie nutzen ihre eigenen sozialen Kontakte zur Arbeitssuche. Die Handlungsmöglichkeiten werden strategisch genutzt, sog. Copingstrategie.[253] Die sozialen Beziehungen im Ausland bzw. in Deutschland, die z. B. durch die Internationalisierung des Studiums oder des Berufslebens wachsen, können wichtige Anknüpfungspunkte für eine internationale Arbeitssuche sein.

Zugleich wächst die Zahl der privaten internationalen Beziehungen. Obwohl die beruflichen Perspektiven für einige Befragten in der Tschechischen Republik offensichtlich gut waren und sie im Heimatland gute Arbeitsmarktchancen hätten, entschieden sie sich dennoch für eine Migration nach Deutschland.

Generell werden die Einflüsse auf die Entscheidung, in Deutschland zu arbeiten, höher bewertet als

---

[252] Siehe Kapitel 2.1. in dieser Arbeit, S. 23.
[253] Siehe Kapitel 2.3.2. in dieser Arbeit, S 34..

die Einflüsse auf die Entscheidung, das Heimatland zu verlassen. Dies zeigt, dass die meisten Befragten nicht unbedingt aufgrund der schlechten Lage im Herkunftsland den Entschluss trafen, auszuwandern, sondern aufgrund besserer Bedingungen und der Karriereplanung nach Deutschland gekommen sind. Die Pull-Faktoren waren somit entscheidender als die Push-Faktoren.

Die Tschechische Republik ist ein Nachbarland von Deutschland. Die geographische Nähe beider Länder bietet an, Deutschland als Zielland für die Auswanderung auszuwählen. Dies ist allerdings auch bei anderen Ost-mitteleuropäischen Ländern, wie z. B. Polen oder Ungarn, zu beobachten, bei denen genauso die Möglichkeit besteht, nach der EU-Osterweiterung im Jahr 2004 nach Deutschland oder Österreich auszuwandern.

Abschließend kann man behaupten, dass die Migration von den Befragten als individuelle Suche nach der Verbesserung von Lebensbedingungen zu bezeichnen ist, was eine entscheidende Triebkraft menschlicher Entwicklung ist.

4.4. Arbeitssituation der Befragten

Die Chancen auf dem Arbeitsmarkt werden vor allem durch die vorhandenen Kenntnisse und Qualifikationen und die nachweisbaren formalen Bildungsabschlüsse bestimmt, die alle Befragten besitzen. Bei Migranten stellt sich allerdings das Problem, dass einige mitgebrachten Qualifikationen den Anforderungen der entsprechenden Behörden nicht genügen und Abschlüsse oft nicht anerkannt werden.

Zum Qualifikationsprofil eines Erwerbstätigen gehören neben den Bildungsabschlüssen auch Berufserfahrungen, bei den Ärzten insbesondere im erlernten Beruf.

Alle außer eines Befragten waren in der Tschechischen Republik in ihrem erlernten Beruf als Mediziner tätig und können zusätzlich zu ihrer theoretischen Ausbildung praktische Erfahrungen vorweisen. Eine Befragte plante sogar eine eigene private Arztpraxis aufzumachen. Ein Befragter beendete gerade sein Medizinstudium, bevor er nach Deutschland auswanderte.

Sieben der zehn Befragten haben noch nie vor der Migration in Deutschland oder in einem anderen Land gearbeitet, während drei von zehn eine Arbeitserfahrung im Ausland gesammelt haben. Einer davon hat schon in Deutschland während seines Medizinstudiums als Honorarkraft gearbeitet, ein Befragter war auch als Medizinstudent in England tätig und eine Befragte arbeitete als Ärztin in Serbien, bevor sie mit ihrer Familie nach Deutschland auswanderte.

Um in Deutschland ärztlich tätig zu sein, reicht aber ein abgeschlossenes Studium der Humanmedizin nicht aus. Darüber hinaus sind auch gute Kenntnisse der deutschen Sprache in Wort und Schrift, Kenntnisse deutscher Arzneimittel, Gesundheits- und Rechtssystems, die Beherrschung moderner Medizintechnik sowie EDV-Kenntnisse nötig. Diesen und dazu noch der Hürde der möglichen Nicht-Anerkennung der Bildungsabschlüsse müssten sich die ausgebildeten Ärzte tschechischer Herkunft am Anfang ihrer Migration stellen:

„Mit der Arbeitserlaubnis, ja, das ist auch eine sehr lange Geschichte. Als Tscheche sollte ich die Arbeitserlaubnis sofort bekommen. Es ist ein Problem, die Deutschen mögen nicht, wenn die Ausländer kommen und sie machen deswegen einige Probleme. Ich brauchte nur einen Stempel, für den ich unzählige Dokumente besorgen musste. Zuerst bekam ich eine Arbeitserlaubnis nur für ein Jahr, danach bekam ich einen Stempel und jetzt habe ich eine unbefristete Arbeitserlaubnis. Bei den Ärzten ist es besonders, dass wir eine Berufserlaubnis brauchen, d.h. die Approbation wird nicht direkt anerkannt, wir müssen direkt eine Approbation von Deutschland haben und dazu brauchte ich 15 Dokumente, die leider nicht anerkannt wurden. Obwohl alles auf Englisch war, musste ich alles übersetzen lassen. Es dauerte ein viertel Jahr, und es kostete viel Geld. Es war sehr nervig, anstrengend, schlimm." **Karel, 33 Jahre, im Approbationsjahr**

Zwar konnte bei fast allen Befragten eine Anerkennung der mitgebrachten Bildungsnachweise erzielt werden, aber mit einigen Hürden, die sie am Anfang ihrer beruflichen Karriere in Deutschland degradierte. Dies betrifft vor allem die Befragten, die noch vor dem Beitritt der Tschechischen Republik in die EU im Jahr 2004 nach Deutschland migrierten, oder ihren medizinischen Abschluss vor dem EU-Beitritt der Tschechischen Republik im Jahr 2004 erworben haben.

Eine Ausnahme bildet nur eine Person von den Befragten, die nicht in ihrem erlernten Beruf tätig ist, und zwar aufgrund des nicht anerkannten mitgebrachten Abschlusses. Die Person war zum Zeitpunkt der Befragung als Krankenpfleger in einem Krankenhaus tätig. Die Begründung der Nichtanerkennung des medizinischen Abschlusses liegt wahrscheinlich erstens daran, dass es sich um einen Abschluss handelt, der noch vor dem Jahr 1989 abgeschlossen wurde und nicht den internationalen medizinischen Anforderungen entsprach. Zweitens lebte die Befragte zur Zeit der Befragung erst seit relativ kurzer Zeit (1,5 Jahre) in Deutschland und ihre Informations- und Sprachdefizite verhinderten, die Anerkennung mitgebrachter Abschlüsse anzustreben. Drittens kam die befragte Person aus Familiengründen nach Deutschland, wobei sie nicht als Hauptverdiener der Familie gilt.

Bei einigen existiert am Anfang des Migrationsverlaufs eine biographische Orientierung, die sowohl eine schnelle als auch sehr weitgehende rechtliche Inklusion in Deutschland ermöglicht. Die Befragten heirateten Personen deutscher Staatsangehörigkeit, um einerseits einen

Aufenthaltsstatus[254] zu erhalten, der sie sofort auf dem Arbeitsmarkt gegenüber Deutschen gleichrangig stellte. Andererseits kommen sie als deutsch Verheiratete in der Startphase in den Genus einer stattlichen Anerkennungsprozedur für ihre ausländischen Bildungstitel als MedizinerInnen, die es ihnen ermöglicht, mit einer Berufserlaubnis als Arzt oder Ärztin tätig zu werden:

„Da ich keine deutsche Staatsangehörigkeit hatte, konnte ich keine Approbation beantragen, damals waren wir noch nicht in der EU. Also heiratete ich meinen Mann und dadurch bekam ich auch die deutsche Staatsangehörigkeit. Dann durfte ich die Approbation beantragen." Hana, 52 Jahre, Zahnärztin in eigener Praxis

Die deutsche Staatsangehörigkeit erweist sich hier als „ethnisches symbolisches Kapital", das eine Personengruppe privilegiert, andere hingegen symbolisch diskreditiert, wobei das Privileg zunächst nur darin besteht, ein Antragsrecht zu haben.[255]

Bei drei von zehn Befragten kam es vor, dass sie schon zu einem frühen Zeitpunkt der Startphase bereit waren, zunächst eine Degradierung zu Assistenz(zahn)arzt oder -ärztinnen durchzumachen und damit eine temporäre Abwertung ihres kulturellen Kapitals in Kauf zu nehmen:

„Ich arbeite jetzt zwar als Assistenzarzt, in Tschechien hatte ich eine höhere Stelle gehabt, aber schlechter bezahlt. Ich weiß, dass es wichtig hier für mich ist, es durchzustehen. Ich lerne sehr viel von den deutschen Kollegen, fachlich und auch sprachlich. Es ist nur auf eine gewisse Zeit, habe einen befristeten Vertrag. Danach muss ich sehen, ob sich etwas Besseres findet, in Deutschland oder irgendwo anders (...)." Jan, 37 Jahre, Assistenzzahnarzt

„Am Anfang habe ich ein halbes Jahr als Praktikantin, umsonst, gearbeitet. Ich wollte nur lernen, wie man hier arbeitet. (...) Ich musste sowieso auf die Anerkennung meiner Papiere warten, ich konnte nichts anderes machen (...)." Ola, 42 Jahre, Allgemeinärztin, z. Z. im Mutterschaftsurlaub

Positiv auffallend ist, dass es fast bei der Hälfte der Befragten zur einen Verbesserung der beruflichen und dadurch auch der finanziellen Situation im Vergleich zur beruflichen Stellung in der Tschechischen Republik gibt.[256] Drei Befragten haben die gleiche berufliche Stellung und nur bei zwei Befragten kam es zur einen Degradierung ihrer beruflichen Stellung, allerdings mit einem höheren Einkommen als im Herkunftsland. Ein Befragte befand sich noch zum Zeitpunkt der Befragung in der Approbation, jedoch mit sehr guten Aussichten auf eine gut situierte Stelle.

---

[254] Vor dem Beitritt der Tschechischen Republik in die EU im Jahr 2004.
[255] Vgl. Weiß, Anja: Kulturelles Kapital in der Migration. Ein Mehrebenenansatz zur empirisch-rekonstruktiven Analyse der Arbeitsmarktintegration hochqualifizierter MigrantInnen, In: Forum Qualitative Sozialforschung 7, (3), Art. 14, Special Issue on Qualitative Methods in Research on Migration 2006, In: http://www.qualitative-research.net/fqs-texte/3-06/06-3-14-d.htm, Zugriff am: 03.04.2011
[256] Siehe Tabelle 4 in dieser Arbeit, S. 66.

Da die Zielgruppe der Befragten über ein dauerhaftes Bleiberecht in Deutschland verfügt, hat sie einen offenen Zugang zum Arbeitsmarkt. Somit sind längerfristige Planungen und die Entwicklung von Lebensperspektiven im Prinzip sehr gut möglich.

Zusammenfassend lässt sich feststellen, dass alle Befragten vor der Migration aufgrund ihrer Bildung und beruflicher Erfahrung nicht zu der sozial schwachen Schicht in der tschechischen Gesellschaft gehörten, sondern zur gutsituierten Mittelschicht. Diesen Status haben fast alle Befragten in Deutschland erhalten können. Obwohl sie am Anfang ihrer Migration eine Degradierung ihrer beruflicher Stellung in Kauf nahmen, zählen sie faktisch zu den „Gewinnern" der Migration, was die strukturelle Anpassung an die Aufnahmegesellschaft betrifft. Man muss allerdings berücksichtigen, dass eine Erwerbstätigkeit nicht immer gleich bedeutend mit einer langfristigen Eingliederung in den Arbeitsmarkt ist, denn nur vier von zehn Befragten hatten zum Zeitpunkt der Befragung einen unbefristeten Arbeitsvertrag.

Die anfängliche Degradierung kann man damit begründen, dass die Migranten nach der Zuwanderung eine gewisse „Orientierungsphase" in der neuen Gesellschaft benötigen, bevor vorhandene Integrationsmechanismen greifen können. In dieser Phase bemühen sich die Migranten die Sprache des Landes zu lernen, ihre Bildungsabschlüsse anerkennen zu lassen oder die mitgebrachten Qualifikationen dem hiesigen Arbeitsmarkt anzupassen.

Die Ergebnisse zeigen, dass die Abschlüsse im medizinischen Bereich eine häufigere Anerkennung aufweisen. Eine mögliche Erklärung hierfür liegt in der Tatsache, dass die Rahmenbedingungen für den Transfer von Qualifikationen in dem Fach Medizin sowie EDV durch die internationale Standardisierung der Ausbildungssysteme und durch die Vereinheitlichung der Arbeitskultur ausgebaut werden. Des Weiteren verfügen die Befragten über eine Berufsausbildung im medizinischen Fachrichtung, für die in Deutschland ein großer Bedarf an Fachkräften besteht. Als nächster Vorteil gilt die Tatsache, dass die Befragten EU-BürgerInnen sind, bei denen günstigere Bedingungen bei der Anerkennung der Bildungstitel gelten als bei Staatsangehörigen dritter Staaten. Nur Deutschen, Staatenlosen und EU-BürgerInnen haben das Berufsrecht, das die Approbation und damit die freie Betätigung in der jeweiligen Profession erlaubt.[257]

---

[257] Vgl. Nohl, Arnd-Michael/Schittenhelm, Karin/Weiß, Anja (Hrsg.): Kulturelles Kapital in der Migration. Hochqualifizierte Einwanderer und Einwanderinnen auf dem Arbeitsmarkt, Wiesbaden 2010, S. 131.

4.5. Schwierigkeiten und Chancen in Deutschland von Hochqualifizierten tschechischer Herkunft

Im Folgenden wird es sowohl auf die Schwierigkeiten und Barrieren, als auch auf die Chancen und Potenziale von den befragten Personen in Deutschland eingegangen. Hierbei soll untersucht werden, ob und inwieweit diese Aspekte mit der Herkunft der Befragten zusammenhängen. Bei dem Punkt Schwierigkeiten und Barrieren wurde untersucht, ob Herkunft, rechtliche Aspekte, Sprachkompetenz und sozialer Status der MigrantenInnen mit denen verbunden sind. Unter Potenziale wird herausgearbeitet, inwieweit interkulturelle Kompetenz und Qualifikation Chancen für MigrantenInnen, vor allem bei der Arbeitssuche, eröffnen.

Staatsangehörigkeit und Herkunft

Bei der Frage, ob man durch die Herkunft oder die Staatsangehörigkeit benachteiligt resp. diskriminiert wird, antwortete die Mehrheit der Befragten (sieben von zehn), dass Diskriminierung nicht von der Nationalität abhänge, sondern eher vom Aussehen, von persönlichen Merkmalen, wie Hautfarbe und Haarfarbe:

„Bei mir merkt keiner, dass ich ein Ausländer bin, meine vom Aussehen her. So lange ich nicht spreche, merkt keiner, vorher ich komme. Die Migranten aus Afrika, Asien und arabische Migranten haben es viel schwerer. Bei denen merkt man es sofort, vorher sie kommen. Man hört auch in den Medien, dass die Ausländerfeindlichkeiten meistens gegen diese Migranten gerichtet sind...“ **Jana, 41 Jahre, Kinderärztin**
Andere Aussage:

„...zum Beispiel schwarze Deutsche werden nicht unbedingt beruflich bevorzugt, obwohl sie Deutsche seien. Warum? Weil sie Schwarze sind...“ **Jaromir, 42 Jahre, HNO-Arzt**

Die Mehrheit der Befragten beschreibt ein deutsches Umfeld von sozialer Akzeptanz und Sympathie. Fragen zu ihrer Herkunft empfanden sie nicht als störend, da sie mit keinerlei Ablehnungserfahrung im Alltag, sondern mit Interesse verbunden waren.

Zum Thema, welche Rolle die Herkunft auf dem Arbeitsplatz bzw. bei der Arbeitssuche spielt, war unter den Medizinern der befragten Gruppe die Mehrheit der Meinung, dass die Herkunft keine Rolle spielt bzw. spielte. In der Gruppe dominiert das Gefühl von Akzeptanz und die Einschätzung, weitgehend akzeptiert zu werden. Zwei Fälle bilden die Ausnahme, die in ihrer Startphase ethnische Selektion[258] und damit eine ungleiche Behandlung im Beruf erlebt

---

[258] Ethnische Selektion wurde an dieser Stelle bewusst statt Diskriminierung gewählt, denn Selektion kann auch in einigen Fällen eine Bevorzugung aufgrund der Herkunft beinhalten.

haben:

„Natürlich Probleme hat man schon, habe schon Mobbing wegen meiner Herkunft bei der Arbeit erlebt...[lange Pause] **Wollen Sie mir erzählen welche?** *„Naja, der Arztpraxisleiter hat wortwörtlich ausgesprochen, dass er mit so einem Arzt aus dem Osten nicht arbeiten will, es war keine schöne Erfahrung...[sehr zögerlich erzählt]...da ist mir klar geworden, wie wichtig es ist, eine Rechtsversicherung zu haben. Mit der Zeit bin ich ruhiger geworden, aber ich kämpfe immer für die Gerechtigkeit...Sonst, Gott sei dank, habe ich keine Schwierigkeiten."*
Michal, 43 Jahre, Augenarzt in eigener Praxis

Eine andere ähnliche Erfahrung:

„Mit der Arbeitssuche hat es ein wenig gedauert. Es ist ein Problem, die Deutschen mögen nicht, wenn die Ausländer kommen und sie machen deswegen einige Probleme. Habe schon Antworten bekommen wie, wir suchen Ärzte, die schon Erfahrungen auf dem deutschen Boden haben und Muttersprachler sind (...)" Jan, 37 Jahre, Assistenzzahnarzt.

Diese Befragten, die Ablehnungsverhalten erlebt hatten, konnten dies weitgehend erfolgreich bewältigen.

Ein herkunftsbezogenes Stressempfinden wurde bei den meisten Befragten verneint. Vielmehr wurden die Ablehnungsverhalten durch Vermeidungsstrategien umgegangen, zum Beispiel durch rechtliches Verfahren, und aufgrund ihrer Seltenheit relativiert. Außerdem wurde demgegenüber die Herkunft im Beruf als Sympathieerfahrung (z.B. Mehrsprachigkeit als Vorteil und ein netter Umgang mit Patienten) betont:

„Nein, meine Herkunft ist eher als positiv betrachtet, bin eher als eine Exotin, viele bewundern, was ich alles in meinem Leben schaffe und wie nett ich mit den Patienten umgehen kann. Meine Kollegen fragen, ob dieser Umgang mit Patienten in Tschechien üblich ist (...)"
Zuzana, Krankenpflegerin im Krankenhaus, 47 Jahre. [sinngemäß vom Verf. übersetzt]

Beschimpfungen oder subtiler Rassismus wurden in den Berufsbiographieerfahrungen nicht beschrieben. Was die ethnische Selektion in Bewerbungsverfahren aufgrund ihrer Herkunft angeht, dominieren gerade unter den Medizinern die Erfahrungen einer rein fachlichen Auswahl nach den Kompetenzen des Bewerbers. Auffallend war, dass es sich bei drei von zehn Befragten bei der Auswahl des zukünftigen Vorgesetzten um eine bewusste Entscheidung für das Bewerbungsverfahren handelte. Es wurden gezielt ärztliche Vorgesetzte mit tschechischen Nachnamen gesucht, um eine „sichere" Arbeitsstelle zu bekommen. Es handelt sich hier um eine „gefühlte" statt einer erlebten ethnischen Selektion, was den Befragten nicht bewusst ist:

„Ich habe von der Ärztekammer eine Liste mit Nachnamen von Ärzten bekommen, wo ich mich bewerben konnte. Auf der Liste standen zwei oder drei tschechische Nachnamen. Da dachte ich, bei denen bewerbe ich mich zuerst, und ich hatte Glück, es hat geklappt." Hana, Zahnärztin in eigener Praxis, 52 Jahre.

Demgegenüber haben fast alle Befragten (außer zwei) die Erfahrung beschrieben, dass der Zugang in leitende Positionen für die qualifizierten Migranten erschwert ist. Bei Bewerbungen für die leitenden Positionen traten „herkunftsbezogene" Widerstände durch das deutsche Umfeld entgegen. Die Erfahrung als Ausländer betrachtet zu werden und deshalb „mehr leisten" zu müssen, teilen sechs von zehn Befragten. Ein Beispiel ist Jan, Assistenzarzt. Seiner Einschätzung nach ist der Zugang für ihn als qualifizierter Migrant in eine „Chef-Position" aufgrund seiner Herkunft deutlich schwerer als für deutsche Mitbewerber. Herkunft ist zwar nicht relevant auf der Ebene, in der er sich befindet. Aber um Chef zu werden, müssten bei ausländischer Herkunft zusätzliche Qualifikationen vorhanden sein:

„Als Ausländer musst du doppelt so gut sein (...) Also für eine Chefarztstelle müsste ich mich schon sehr anstrengen, dass das funktionieren würde, die deutschen Kollegen haben sicherlich eine bessere Chance (...)" Jan, Assistenzarzt, 37 Jahre.

Anerkennung von Abschlüssen und anderen rechtlichen Aspekten

Bei der Frage nach rechtlichen Hürden wurde von fast allen Interviewpartnern die lange dauernde und in einigen Fällen komplizierte Anerkennung von Bildungsabschlüssen und bei manchen Befragten die sich daraus ergebende Dequalifizierung benannt. Gleichzeitig haben einige darauf verwiesen, dass diese Handhabung Ressourcen vergeudet, die für die deutsche Wirtschaft von Nutzen sein könnten.

Insgesamt wurde kritisiert, dass Deutschland in Bezug auf die Anerkennung von Qualifikationen sehr formal auf Zertifikate ausgerichtet ist:

„Es ist auch ein politisches Problem, dass in Deutschland die Abschlusszeugnisse sehr stark bewertet werden und das, was jemand in einigen Jahren in seinem Beruf gelernt hat, nicht entscheidend ist. Das ist in anderen europäischen Ländern anders und besser, wie zum Beispiel in Großbritannien, wo in einem Anerkennungsverfahren der Abschluss anerkannt werden kann, ohne dass ein Zeugnis darüber vorliegt." Karel, 33 Jahre, im Approbationsjahr

Viele Befragten hatten zwar Probleme bei der Anerkennung ihrer Abschlüsse geschildert, nur einige benennen dies aber explizit als Benachteiligung. An dieser Stelle soll erwähnt werden, dass durch die Interpretation der Interviews immer nur Wahrnehmungsformen der Benachteiligung aufgezeigt werden können. Daher kann es nicht hier darum gehen, die Fakten der Benachteiligung der Migranten in Deutschland aufzuzeigen oder sogar zu belegen. Vielmehr wird dokumentiert und beleuchtet, wie die Betroffenen auf diese Benachteiligungen reagieren.

Sprachkompetenz

Fast alle befragten Personen haben die mangelnden Kenntnisse der deutschen Sprache am Anfang der Migration in Deutschland und damit verbundene Schwierigkeiten mit der Arbeitssuche oder am Arbeitsplatz erwähnt.

Alle Befragten waren sich ausnahmslos darüber einig, dass Deutschkenntnisse in Deutschland von großer Wichtigkeit sind, sowohl im Beruf als auch im Alltag. Alle Interviewpartner sind der Ansicht, dass die größte Hürde am Anfang ihre Migration ihre Sprachschwierigkeiten und damit verbunden fehlende soziale Kontakte und soziale Aktivitäten waren. Viele von Ihnen nutzen am Anfang ihrer Migration die Englischkenntnisse.

Zum Zeitpunkt der Befragung gaben sieben von zehn der Befragten, dass sie keine sprachlichen Probleme haben. Bei zwei von zehn Befragten treten noch Sprachschwierigkeiten in einzelnen Handlungsfeldern auf, und zwar bei den „offiziellen" Lebensbereichen, in denen neben der Alltagssprache auch formal- und fachsprachliche Kompetenzen erforderlich sind. Eine der Befragten gab schlechte Sprachkenntnisse an, da sie zum Zeitpunkt der Befragung erst seit 1,5 Jahren in Deutschland lebte und gerade einen Sprachkurs besuchte.

Mehr als die Hälfte bezeichnete die Arbeitsplatzsuche aufgrund der mangelnde Sprachbeherrschung am Anfang der Migration als schwierig, vier von zehn erlebten Sprachschwierigkeiten am Arbeitsplatz.

Im Bereich soziale Integration bestehen erheblich weniger Schwierigkeiten, sich sprachlich zu verständigen. Zudem lässt sich feststellen, dass die Probleme abnehmen, je mehr sich die Kommunikation im privaten Sektor abspielt. Nur zwei von zehn Befragten gaben an, Probleme bei der Verständigung im eigenen Freundeskreis zu haben.

Des Weiteren lässt sich feststellen, dass die Aufenthaltsdauer eine wichtige Rolle für das Niveau der Sprachkenntnisse spielt. Je länger die Befragten in Deutschland leben, umso besser sind ihre Deutschkenntnisse.

Akzeptanz- und Ablehnungserfahrungen am Arbeitsplatz

Der folgende Abschnitt gibt Antworten auf die Frage, welche Akzeptanz- und Ablehnungserfahrungen die Befragten im Berufsleben gemacht haben.

Ablehnung durch Patienten: Die mehrheitliche Erfahrungen mit den Patienten wurden eher als allgemein positiv beschrieben. Häufig war die Erfahrung, dass die Patienten, sobald die tschechischen Ärzte den Raum verließen, bei den Mitarbeitern nach der Herkunft fragten. Damit bestand zwar ein Interesse und vielleicht eine gewisse Skepsis, aber keine zwingende Ablehnung aufgrund der Herkunft:

„Viele Patienten fragen nach meiner Herkunft. Wenn sie erfahren, dass ich aus Tschechien komme, kommen wir oft in ein nettes Gespräch, da viele Patienten Tschechien kennen oder sogar selbst früher dort lebten. Sie loben auch mein Deutsch, und wie gut ich mit Kindern umgehen kann. Das tut gut. Negative Erfahrungen habe ich noch nie gemacht" **Jana, Kinderärztin, 41 Jahre.**

Ausgrenzung durch Kollegen: Bei den Befragten dominiert mehrheitlich die Erfahrung von Gleichbehandlung und Akzeptanz von deutschen Kollegen, obwohl sich auch bei drei von zehn Befragten die Beschreibung eines Überlegenheitsgefühls gegenüber Ausländer findet. Herkunftsbezogene Ablehnung wird nach den Erfahrungen der befragten Migranten selten offen geäußert, dennoch haben die Befragten das Gefühl, dass deren Kompetenz angezweifelt wird:

„Dass mich alle fragen, woher ich komme, stört mich nicht, es ist normal wegen meines Akzents. Was mich aber ein bisschen stört, dass mich schon einige Kollegen gefragt haben, wie lange ich schon in dem Beruf arbeite und wo ich mein Studium abgeschlossen habe. Ich würde so eine Frage nie stellen, es ist mir egal, wie lange meine Kollegen arbeiten, für mich zählt, was sie leisten (...)" **Pavel, Onkologe, 45 Jahre.**

Eine andere Aussage:

„Ja, man muss sich ständig bemühen besser sein als die Deutschen. Wenn man sich einen Fehler leistet, fällt er natürlich doppelt stark auf. Dann sind die Kollegen und der Arbeitgeber skeptisch. Ja, es ist eher Skepsis als Abneigung." **Jaromir, HNO-Arzt, 42 Jahre.**

Ausgangspunkt ist die Mehrarbeit durch bessere und fehlerfreie Leistungen gegenüber den deutschen Kollegen. Hinzu kommt die Vermeidung dem Stereotyp zu entsprechen, was wiederum zur täglichen Aufgabe wird:

„Ich hatte am Anfang Angst, dass viele denken, naja, die Osteuropäer haben nicht genug Erfahrungen mit der neuesten Technik in der Medizin, ihre Geräte sind veraltet und so. Ich hatte immer das Gefühl, ich muss das Gegenteil beweisen." **Hana, Zahnärztin in eigener Praxis, 52 Jahre.**

Die Thematik der Mehrarbeit beschreibt den Einfluss der ethnischen Wahrnehmung, wie sie im Berufsleben stattfindet, besonders anschaulich. Diese Erfahrung muss nicht als Diskriminierung, jedoch als ungleiche Behandlung verstanden werden. Sie wird zwar akzeptiert, drängt aber die Betroffenen auch zu einem höheren Leistungsdruck und setzt sie dadurch vereinzelt auch unter Stress.

Auffallend in der befragten Gruppe war, dass bei der Mehrheit das Gefühl von Gleichwertigkeit gegenüber den deutschen Arzt-Kollegen und weniger das Gefühl der Notwendigkeit von Mehrarbeit dominiert. Diese befragten Mediziner heben den hohen Konkurrenzkampf und die fehlende Teamarbeit als dominanten Stressfaktor hervor. Gegen diesen Stressfaktor müsse sich jeder, unabhängig von seiner Herkunft, durchsetzen.

Chancen und Potenziale der Hochqualifizierten tschechischer Herkunft im Beruf

Migration kann für MigrantenInnen nicht nur mit Barrieren und Benachteiligung auf dem deutschen Arbeitsmarkt verbunden sein, sondern es bestehen auch Chancen und Potenziale bezüglich ihrer Sprache, ihrer interkulturellen Kompetenz und ihrer Qualifikation.
Einige von mir interviewten Ärzte und Ärztinnen (drei von zehn) erhielten ihre ersten Stellen in Praxen, die nach slawischsprachigen MitarbeiterInnen gesucht haben. Bei den osteuropäischen Ärzten ist nicht nur die ethnische Nähe von Bedeutung, sondern auch die Attraktivität, die ein Arzt besitzt, der mit seinen Patienten den Migrations- und Minderheitenstatus teilt. Nicht zu vergessen sind dabei auch die sprachlichen Kompetenzen, die gerade jene MedizinerInnen gewinnbringend einsetzen, die nicht nur ihre Muttersprache, sondern darüber hinaus auch unterschiedliche Bildungssprachen (Russisch, Spanisch usw.) beherrschen. Diese sogenannten ethnischen Nischen auf dem Arbeitsmarkt sind für viele MigrantenInnen ein Thema, wie Ofner[259] bereits feststellte. In ihrer Untersuchung hatten die Akademikerinnen aus der Türkei nahezu ausschließlich in ethnischen Nischen eine Tätigkeit gefunden, während ihnen die von Angehörigen der Mehrheitsgesellschaft dominierten Arbeitsmarktsegmente weitgehend verschlossen blieben.
Viele befragte Ärzte tschechischer Herkunft sehen die Möglichkeit in Deutschland zu arbeiten als einen „Sprungbrett" für ihre weitere Karriere und Berufserfahrung. Als Chance wird es gesehen, dass mit dem neuen Zuwanderungsgesetz Migranten und Migrantinnen die Mög-

---

[259] Vgl. Ofner, Ulrike Selma: Akademikerinnen türkischer Herkunft: Narrative Interviews mit Frauen aus zugewanderten Familien, Berlin: Weißensee-Verlag 2003, S. 271ff.

lichkeit erhalten haben, selbstständig Unternehmen zu gründen. Fast die Hälfte von den befragten Medizinern will in der Zukunft selbstständig arbeiten (zwei von zehn besitzen schon in Deutschland eine private Praxis). Die Erfahrungen in den deutschen Praxen schätzen sie als sehr positiv ein und betrachten sie als eine gute Vorbereitung auf ihre Selbstständigkeit. Zusammenfassend ist festzustellen, dass sich die Befragten kaum zum Thema Diskriminierung aufgrund ihrer Herkunft äußern, da sie sie nicht selbst offensichtlich erlebten. Sie sprechen nur von rechtlicher Benachteiligung. Die im Ausland erworbenen Qualifikationen wie Berufserfahrung werden oft auf dem deutschen Arbeitsmarkt nicht anerkannt. Durch die faktische Nichtanerkennung von Qualifikationen trägt Deutschland dazu bei, dass Migrantinnen und Migranten „Humankapital" fehlt. Auf der anderen Seite gehört die befragte Gruppe zu den EU-Ländern. Dies verändert sowohl die Zusammensetzung als auch das Bild der Mehrheitsgesellschaft von der Migrationsgruppe positiv, „draußen" bleiben dabei die Staatsangehörigen dritter Staaten. Zwar haben auch die EU-Länder Schwierigkeiten mit der Anerkennung von Bildungsabschlüssen, doch diese Hürde, wie die Ergebnisse zeigen, ist überwindbar.

In den oben vorgestellten Ergebnissen berichteten die Befragten über ihre Erfahrungen, inwiefern ihre Herkunft bei Bewerbungen sowie der Auswahl und Durchführung ihres Berufes eine Rolle gespielt hat. In diesem Zusammenhang äußerten auch die Befragten ihre Chancen, die sie als Hochqualifizierte mit Migrationshintergrund auf dem Arbeitsmarkt sehen. Befragte in leitenden Positionen wiesen auf die Erfahrung hin, dass Herkunft für sie ein limitierender Faktor für die berufliche Karriere bedeutet. Laut ihrer Erfahrungen haben sie es schwerer in verantwortungsvolle Positionen zu gelangen, da es von deutschen Arbeitgebern oft nicht erwünscht sei, Migranten in leitenden Positionen zu sehen. Um überhaupt eine Chance auf eine leitende Position zu haben, ist ein deutlicher Leistungsvorsprung zu deutschen Bewerbern nötig.

Geringe Zustimmung gab es bei den Befragten auf die Frage, ob die Rolle der Herkunft im Beruf entscheidend ist. Bei einigen Befragten war die Herkunft und Sprachkenntnisse gerade als Vorteil beschrieben. In allen Fällen bestätigen die Aussagen eine Relevanz der Herkunft in allen Phasen des Berufslebens: bei der Auswahl des Berufes, in der Art der Bewerbung und im beruflichen Alltag.

Die Mehrheit der Befragten fühlt sich in der jetzigen Stelle akzeptiert und gleichberechtigt gegenüber Arbeitnehmern ohne Migrationshintergrund.

Einige haben die Erfahrung gemacht, dass sie als Migranten mehr leisten müssen, um dieselbe berufliche Anerkennung zu erhalten wie ihre deutsche Kollegen. Sie erlebten auch eine Form der Stereotypen im Beruf und versuchten ihr Auftreten und Handeln diese zu widerlegen. Dies bedeutet zusätzliche Energie aufzubringen und wiederkehrend gegen eine „unsichtbare" aber wirkungsvolle Barriere anzukämpfen.

Häufig wurde aber der Konkurrenzkampf zwischen den Arbeitskollegen als wichtigster beruflicher Stressfaktor genannt.

Die Rolle der Herkunft im Berufsalltag wird zwar von der Mehrheit verneint, gleichzeitig besteht bei einigen Befragten das Gefühl, dass sie als Arbeitnehmer mehr leisten müssen als ihre deutschen Kollegen. Diese Einschätzung scheint zwar auf den ersten Blick widersprüchlich zu sein, erklärt aber mit welcher Selbstverständlichkeit die „anderen Bedingungen" für MigrantenInnen der befragten Gruppe wahrgenommen und überwältigt werden.

4.6. Kulturelle Identität und Verhalten

Die kulturelle Identität wurde direkt und indirekt erfasst. Zum einen wurden die Hochqualifizierten tschechischer Herkunft nach ihrer Selbstidentifikation gefragt, und zwar ob sie sich eher als Tscheche/in oder als Deutsche/r fühlen. Zum anderen wurden das Ausmaß von ihren sozialen Kontakten (Freundschaften, Ehen mit Deutschen), Sprachkenntnisse, ihre Heimatverbundenheit und kulturgebundenes Verhalten erfasst.

Das kulturgebundene Verhalten fragt nach Verhalten bezüglich der Herkunfts- sowie der deutschen Mehrheitskultur. Neben der Problematik, ob man es für wichtig hält, die Kultur des Aufnahmelandes zu übernehmen oder die Kultur des Herkunftslandes beizubehalten, wurden die weiteren Bereiche wie Freizeitaktivitäten, Mediennutzung und das Ausüben von Traditionen und Bräuchen erfasst.

Selbstidentifikation

Bei der Selbstidentifikation gilt als zentraler Aspekt die Frage, als wer sich die Person selbst bezeichnet bzw. zu welcher ethnischen Gruppe fühlt sie sich zugehörig. Laut Hutnik und Phinney[260] muss sich jemand nicht zwingend zu der Kultur zugehörig fühlen, von welcher er abstammt und dementsprechend sich selbst anders bezeichnen kann, obwohl offensichtliche Merkmale wie z. B. Hautfarbe oder Sprache, auf eine bestimmte ethnische Herkunft hindeuten. So kann sich beispielsweise ein nach Deutschland immigrierter Türke als Türke, als türkischstämmiger Deutscher, als Deutscher oder gar als Europäer bezeichnen. Des Weiteren wird in diesem Zusammenhang erwähnt, dass sich eine Person mit mehreren Kulturen identifizieren kann, was vor allem bei Migranten zweiter Generation der Fall sein kann oder bei Personen, deren Eltern aus unterschiedlichen Kulturen stammen.

An dieser Stelle muss erwähnt werden, dass eine Einigkeit über eine allgemeingültige Definition und Operationalisierung des Konstrukts der Identität bis lang noch nicht existiert.[261]

Die Ergebnisse im Hinblick auf die Frage, ob sich die Befragten eher als ein(e) Tscheche(in) oder eher als ein(e) Deutsche(r) wahrnehmen zeigen, dass die Antwort überwiegt, dass man sich teils als Deutsche(r), teils als Tscheche(in) fühlt (sechs von zehn Befragten). Damit zeigt man schon eine deutlich gebrochene nationale Identität. Zwei von diesen sechs Befragten sind mit einem deutschen Partner verheiratet und besitzen sogar die deutsche Staatsangehörigkeit. Zwei von zehn Befragten gaben an, dass man sich zu keiner spezifischen Nation bekennt bzw. dass man sich eher als ein(e) Kosmopolit(in) oder Europäer fühlt. Andere zwei Befragten bekannten sich ungebrochen zu ihrer tschechischen Herkunft. Ein der zwei Befragten antwortete zur seinen Selbstidentifikation folgendes:

„Natürlich als Tscheche. Bevor ich nach Deutschland kam, war ich 2 Jahre unterwegs im Ausland und ich bin zu einem Patrioten geworden." **Karel, 33 Jahre, im Approbationsjahr**

---

[260] Vgl. Hutnik, Nimmi: Ethnic minority identity. A social psychological perspective, Oxford: Clarendon Press 1991, S. 103.
Vgl. Phinney, Jean S.: Ethnic identity in adolescents and adults: Review of research, In: Psychological Bulletin, 108. Jg. (1990), S.508f.
[261] Vgl. Frable, Deborah E. S.: Gender, racial, ethnic, sexual, and class identities, In: Annual Review of Psychology, 48. Jg. (1997), S. 142.
Vgl. Worrell, Frank C./Gardner-Kitt, Donna L.: The relationship between racial and ethnic identity in black adolescents: The cross racial identity scale and the multigroup ethnic identity measure. Identity: An International Journal of Theory and Research, 6. Jg. (2006), S. 293ff.
Vgl. Ponterotto, Joseph G./Park-Taylor, Jennie: Racial and ethnic identity theory, measurement and research in counseling psychology: Present status and future directions, In: Journal of Counseling Psychology, 54. Jg. (2007), S. 282ff.

Soziale Kontakte und ethnische Netzwerke

Integrationserfolge von Migranten sind auch von der Aufnahmebereitschaft der Bevölkerung im Zuwanderungsland abhängig. Dabei kommt den ökonomischen und sozialen Rahmenbedingungen sowie auch den Einstellungen und Verhaltensweisen der einheimischen Bevölkerung eine wichtige Bedeutung zu. Die soziale Distanz der einheimischen Bevölkerung gegenüber Migranten stellt eine Barriere für den Eingliederungsprozess dar, da sie die Handlungsorientierungen der Zuwanderer auf ihre ethnische Gruppe orientiert.

Soziale Interaktion ist der allgemeine Prozess der Aufnahme sozialer Beziehungen durch persönliche Netzwerke, Verwandtschaft und Heirat, und damit der Bildung vom sozialen Kapital. Dieses umfasst die Entstehung und die Pflege von Kontakten zwischen Migranten und einheimischen Deutschen, aber auch Kontakte zwischen Migranten der verschiedenen Nationalitäten.

Persönliche Beziehungen: Freundschaften und Bekanntschaften können einen bedeutenden Stellenwert für biographische Prozesse unter besonderer Berücksichtigung von Bildungs- und Berufskarrieren haben. Des Weiteren sind Freunde eine wichtige emotionale Stütze in Krisensituationen. Erstens verbringt man mit Freunden einen erheblichen Teil der Freizeit, zweitens fungieren Freunde auch häufig als Vorbild und/oder Unterstützer in den Werdegängen der Befragten. Hierbei spielen sowohl Personen aus der eigenen als auch aus anderen Herkunftsgruppen eine Rolle. Auffallend ist, dass bei den meistens Befragten der Freundeskreis, was die Herkunft betrifft, sehr durchmischt ist und sich keinesfalls auf die eigene Nationalitätengruppe beschränkt.

Durch den Verlust der sozialen Kontakte im Herkunftsland entsteht am Anfang der Migration der Akkulturationsstress[262]. Gerade ethnische Netzwerke im Aufnahmeland bieten soziale Unterstützung und emotionalen Rückhalt einerseits, andererseits bilden sie neben dem Bezug zum Herkunftsland einen wichtigen hemmenden Faktor für den Akkulturationsstress.

In der befragten Gruppe sind ethnische Netzwerke allerdings wenig gegeben. Dafür gibt es soziale Bindungen zu Verwandten und Bekannten aus der Tschechischen Republik. Alle Befragten besuchen zudem jährlich, manchmal auch mehrmals im Jahr ihr Herkunftsland. In der Gruppe fungieren eher Freundschaften mit Tschechen und verwandtschaftliche Bindungen

---

[262] Akkulturationsstress ist eine Form der Beeinträchtigung des psychischen und physischen Wohlbefindens des Migranten. Die Migranten erleben ihn aufgrund von fehlender Akzeptanz in sozialen Kontakten zur Mehrheitsgesellschaft. Ablehnendes Verhalten der Gesellschaft ist der Stressfaktor, den der Migrant auf individueller Ebene bewältigen muss. Vgl. Berry, John W. et al. (Hrsg.): Cross-cultural psychology: Research and applications. Cambridge: Cambridge University Press 1992.

als ethnische Netzwerke. Außerdem bieten Großstädte wie Berlin durch die größere Anzahl von Minoritäten eigene ethnische soziale Strukturen. Hier werden Feste oder kulturelle Bräuche gefeiert und gelebt.

Auffällig in diesem Zusammenhang ist bei den Befragten die Rolle der Solidarität unter Migranten unterschiedlicher Herkunft. Sechs von zehn Befragten haben betont, dass das Gemeinsamkeitsgefühl, eine andere Herkunft zu haben, wichtiger ist, als die Frage, ob die Herkunftsländer übereinstimmen:

„Komischerweise tschechische Freunde habe ich weniger, aber aus anderen Ländern kenne ich einige. Meine beste Freundin kommt z.B. aus Polen. Wir haben Ähnliches durchgemacht, ich meine die Migration verbindet irgendwie" **Hana, 52 Jahre, Zahnärztin in eigener Praxis**

Der Kontakt zu Migranten anderer Herkunft ist auch durch die Teilnahme an den Deutschsprachkursen bedingt, die die Ärzte tschechischer Herkunft am Anfang der Migration besuchten. Dazu eine Befragte:

„In meinem Sprachkurs habe ich natürlich viele Migranten kennengelernt. Mit zwei von denen habe ich noch einen engen Kontakt bis heute, eine kommt aus Italien, der anderer aus Ungarn. Beide arbeiten auch in medizinischem Bereich, da hat man einiges Gemeinsam, die Medizin und den Migrationshintergrund. Das hält zusammen." [lacht] **Pavel, 45 Jahre, Onkologe**

Der Kontakt zu den tschechischen Migranten wurde unter anderem auch durch die eigenen Kinder oder bei der Arbeitssuche hergestellt:

„Meine sehr gute Freundin ist auch eine Tschechin. Ich hab sie durch einen Zufall kennengelernt und zwar wurde mein Sohn zu einem Kindergeburtstag eingeladen. Dort war auch eine Mutter mit ihrem Sohn, die aus Tschechien kam. Seitdem haben wir regelmäßigen Kontakt. Das schon 10 Jahre lang." **Jana, 41 Jahre, Kinderärztin**

„Als ich nach Deutschland kam, hatte ich noch keine Arbeit. Dann bin ich einfach von Arztpraxis zur Arztpraxis gelaufen und gefragt, ob sie jemanden suchen. Dabei bin ich auf eine tschechische Ärztin gestoßen, seitdem sind wir befreundet." **Ola, Allgemeinärztin**

Alle Befragten haben einen regelmäßigen Kontakt zu einheimischen Deutschen. Die beste Möglichkeit, sich mit Deutschen regelmäßig zu treffen, bietet nach den Ergebnissen der Untersuchung der gemeinsame Arbeitsplatz. Alle gaben an, täglich Personen der Mehrheitsgesellschaft am Arbeitsplatz zu treffen. Nur wenige treffen sich mit den deutschen Arbeitskollegen auch in der Freizeit (zwei von zehn Befragten).

Auch in der Freizeit findet der Kontakt zu den Einheimischen statt. Alle gaben an, sich außerhalb der Arbeit mit den Einheimischen regelmäßig zu treffen (durch sportliche oder kulturelle Aktivitäten bedingt), allerdings enge und feste Freundschaften mit den Deutschen hat nur die

Hälfte der Befragten entwickelt. Die andere Hälfte pflegt enge Freundschaften mit Tschechen oder mit erwähnten Migranten anderer Herkunft.

Ehen und Partnerschaften: Das Thema Ehe/Partnerschaft ist in allen biographischen Erzählungen präsent. Die Unterschiede liegen in der Breite, die dieses Thema in ihnen einnimmt, und in den Beziehungen der (Ehe-)Partner zueinander. Auffällig war es, dass in der Tendenz die befragten Personen mit einer funktionierenden Beziehung oder einer vergangenen Beziehung ohne größeres Konfliktpotenzial diese Ehen oder Partnerschaften am wenigsten thematisieren oder umgekehrt. Es gibt zwei Ausnahmen, und zwar bei einer Biographin nimmt das Thema ab dem Zeitpunkt, wo es im Gespräch um die Anerkennung ihres Bildungstitels, was zu der Entscheidung führte zu heiraten, einen etwas größeren Raum ein. Die andere Biographin erzählt über ihre Ehe etwas ausführlicher, als es um Thema ging, ihre Gründe zur Migration darzustellen. Sie folgte ihrem Ehepartner nach Deutschland, der als Hauptverdiener der Familie gilt.

Beim Interview wurde die Frage nach dem Familienstand gestellt, wobei es bei verheirateten Befragten vor allem interessant war, welcher Ethnien der Ehepartner angehört. Nur drei Befragten waren zum Zeitpunkt der Befragung mit einem(r) Tscheche(in) verheiratet, zwei Personen gaben an, mit einem(r) Deutschen verheiratet zu sein. Eine Person war mit einem Amerikaner und eine Person mit einem Iraner verheiratet. Drei waren ledig.

Um die grundsätzliche Bereitschaft festzustellen, ob die Befragten eine(n) Angehörigen einer anderen ethnischen Gruppe heiraten würden, wurde die Frage: *Können Sie sich vorstellen, eine(n) nicht Tschechen(in) zu heiraten?* gestellt. Von allen Personen wurde die Frage mit Ja beantwortet.

Sprache

Die sprachlichen Kompetenzen sind als Basis für die Anpassung an die Aufnahmegesellschaft unabdingbar. Ohne grundlegenden Beherrschung der deutschen Sprache ist ein produktiver Austausch mit der Mehrheitsgesellschaft und deren Wertvorstellungen und Handlungsweisen zu verstehen, nicht möglich.

Der Erwerb der deutschen Sprache als Zweitsprache der MigrantInnen wird durch eine Reihe von Faktoren beeinflusst, und zwar durch die Bedingungen im Herkunfts- und Aufnahmeland, die Existenz und Struktur einer ethnischen Gemeinde sowie die individuellen und familiären Lebensbedingungen und die besonderen Umstände der Migration. Als besonders wirksame Faktoren erweisen sich das Einreisealter und die Aufenthaltsdauer im Aufnahmegesellschaft.

Eine höhere Bildung der Migranten begünstigt das Erlernen der Zweitsprache deutlich. Sprachliche Defizite vermindern die Chance überhaupt eine Beschäftigung zu finden und vor allem eine höhere Stellung zu erlangen. Aber auch die Muttersprache der Migranten ist und bleibt von großer Bedeutung, denn sie stellt eine wichtige Brücke zu sozialen Netzwerken des Herkunftslandes dar. Die Bilingualität ist eine bedeutsame, auch berufliche, Ressource.

Die Befragten verfügen über eine vielfältige Sprachkompetenz. Viele von ihnen beherrschen über die Mutter- und deutsche Sprache hinaus internationale Sprachen wie Englisch und Russisch. Die kulturelle Kompetenz von Migranten, die u.a. durch Mehrsprachigkeit zum Ausdruck kommt, gewinnt angesichts der Globalisierungsprozesse und wachsender Mobilität immer mehr an Bedeutung.

Die Auswertung der Sprachkenntnisse der Befragten basiert auf einer Selbsteinschätzung der Deutschkenntnissen durch sie selbst. Die Voraussetzung für den Spracherwerb gelten bei der befragten Gruppe als besonders günstig, da sie im Allgemeinen als bildungsgewohnt einzustufen ist.

Acht Befragte schätzen ein, dass sie gute Deutschkenntnisse besitzen. Dies bedeutet, dass die Befragten ausreichende Fachsprache zum Ausüben ihrer qualifizierte Tätigkeit beherrschen oder selbst angaben, gut Deutsch zu sprechen, um sich in Deutschland zu recht zu finden. Zwei von Zehn sind der Meinung, dass sie ungenügende Sprachkenntnisse haben, dies äußert sich unter anderem darin, dass sie bei der Arbeit oft Englischkenntnisse nutzen.

Neben der Frage nach den Sprachkenntnissen habe ich in meinem Interview auch nach dem Gebrauch der deutschen Sprache im Alltag gefragt, vor allem welche Sprache die Befragten zu Hause, d.h. im Kreis ihrer Familie zu alltäglichen Verständigung benutzen.

In den Familien wird es bei vier Befragten vorwiegend Deutsch gesprochen, wobei mit den Kindern auch Tschechisch gesprochen wird. Unter den Familien, die sich erst kurze Zeit (bis drei Jahren) in Deutschland aufhalten, überwiegt die tschechische Sprache (drei Familien), bei eine Partnerschaft wird sogar neben Deutsch auch Englisch gesprochen.

Um die tschechische Sprache zu pflegen und nicht zu verlernen bzw. vergessen, lesen alle Befragten tschechische Bücher, schauen tschechische Filme etc:

„Sachbücher lese ich auf Deutsch. Romane oder Entspannungsliteratur auf Tschechisch. Und das mit Absicht, ich will die tschechische Sprache nicht verlernen, es wäre peinlich." **Michal, 43 Jahre, Augenarzt in eigener Praxis**

Zu-Hause-Gefühl und Heimatverbundenheit

Viele Wissenschaftler betrachten die identifikative Integration als Endstadium des Eingliederungsprozesses. Zu deren Ermittlung wurde die Frage, ob man sich in Deutschland zu Hause fühlt, als Indikator herangezogen. Sieben von zehn Befragten beantworteten die Frage mit ja, zwei von zehn Befragten waren unentschlossen. Ein der Befragten antwortete mit nein.

Dagegen betrachten ausnahmslos alle Befragten die Tschechische Republik als ihre Heimat. Einige Befragte wiesen darauf hin, dass das tschechische Wort für Heimat (vlast) möglicherweise eine andere Bedeutung habe als im Deutschen, und zwar sich nämlich stets darauf beziehe, wo man geboren sei.

Differenziert nach Aufenthaltsdauer in Deutschland ergab sich erwartungsgemäß, dass die Befragten, die länger als fünf Jahren in Deutschland leben (sieben von zehn) eher das Gefühl haben, in Deutschland zu Hause zu sein als die Befragten, die erst vor kurzem nach Deutschland auswanderten.

Eine Rolle bei der Antwort spielte sicherlich auch die Tatsache, ob man in Deutschland eine Familie hat oder alleinstehend lebt. Alle von den sieben Befragten, die sich in Deutschland zu Hause fühlen, sind verheiratet und haben Kinder.

Die sozialen Kontakte und das soziale Leben aller Befragten waren nach eigenen Angaben in der Tschechischen Republik sehr gut. Sie hatten dort einen Verwandten-, Bekannten- und Freundeskreis, den sie durch die Migration zurücklassen mussten. Neben der sozialen Komponente dienten diese Bekanntschaften in den meisten Fällen auch zur Unterstützung zum Beispiel hinsichtlich der Kinderbetreuung. Ganz besonders die Familie, die in der Tschechischen Republik eng miteinander gelebt und kooperiert hat, wird vermisst. Vor allem die Befragten, die relativ kurze Zeit in Deutschland leben (zwischen 1,5 – 3 Jahren), verspüren stärkere Heimweh nach ihrer Heimat, als die Befragten, die sich schon länger in Deutschland befinden.

Des Weiteren wurde die Frage nach dem „Zu Hause Gefühl" in Deutschland mit der Zufriedenheit bzw. Unzufriedenheit mit der gesamten Integration und den verschiedenen Lebensbereichen verknüpft. Dies wird ausführlicher im Kapitel 4.7. dargestellt.

Kulturgebundenes Verhalten

Als eine Komponente von Akkulturation ist Verhalten nicht nur im Zusammenhang mit der soziokulturellen Anpassung – als Ergebnis von Lernprozessen – sondern auch im Zusammenhang mit der psychologischen Anpassung von Bedeutung. Denn hinter vielen Verhaltensweisen steht eine persönliche Einstellung, die die internen Prozesse des Individuums widerspiegelt. So drücken sich nach Berrys Stress-Bewältigungsansatz (1997) die Akkulturationsstrategien von Migranten in ihren Einstellungen und ihrem Verhalten aus, ohne dass der Autor zwischen beiden differenziert. Auch die im Rahmen der vorliegenden Arbeit erhobenen Verhaltensbereiche (z.B. vertretene Werte, kulturgebundene Präferenzen und das Praktizieren von Traditionen) spiegeln die individuellen Einstellungen der Migranten wider.

Auf die Frage, ob man es für wichtig hält, die Kultur des Aufnahmelandes zu übernehmen oder die Kultur des Herkunftslandes beizubehalten, antworteten sechs von zehn Befragten eindeutig, dass auch wenn man als Tscheche(in) schon längere Zeit in Deutschland lebt, sollte man seine Sitten und Gebräuche beibehalten und von den deutschen Gewohnheiten nur soviel wie unbedingt notwendig übernehmen. Zwei von zehn Befragten sind der Meinung, dass man auf jeden Fall eigene kulturelle Identität, in diesem Fall die tschechische, beibehalten soll und auf keinen Fall nicht die deutsche übernehmen soll:

„Auf jeden Fall die tschechische beibehalten, ja ja. Es ist wichtig, dass ich die Werte der deutschen Kultur kennenlerne, aber nicht übernehme. Das finde ich nicht richtig. Ich bin ich, ich bin Tscheche und ich soll nicht vergessen, wer ich bin." **Karel, 33 Jahre, im Approbationsjahr**

Zwei Personen von zehn legten sich nicht fest, welche Kultur man beibehalten oder übernehmen soll. Nach ihrer Wahrnehmung stehen sie allen Kulturen offen gegenüber, was dadurch auch bedingt ist, dass sie mit einem Partner aus anderen Kulturkreisen (amerikanische und persische Kultur) verheiratet sind:

„Ich bin ein sehr offener Mensch. Ich kann nicht sagen, dass ich nur nach tschechischer oder deutscher Kultur lebe. Durch meinen Partner habe ich die Kultur des Orients kennengelernt und ich muss sagen, sie reizt mich sehr. Natürlich die Traditionen wie Weihnachten oder Ostern werde ich weiterhin pflegen, schon meiner Kinder wegen, aber festlegen kann ich mich nicht." **Ola, 42 Jahre, Allgemeinärztin**

„Die Welt ist so interessant und bunt, mit so vielen Kulturen (...) Ich finde es nicht wichtig, dass man unbedingt nur die deutsche Kultur übernehmen soll, weil man gerade in Deutschland lebt. (...) Gerade so eine Großstadt bietet so viel kulturelle Reize und Angebote (...) Ich nehme von jeder Kultur ein bisschen, nur das, was mit gefällt." **Michal, 43 Jahre, Augenarzt in eigener Praxis**

Freizeitaktivitäten und Mediennutzung: Die am häufigsten erwähnten Freizeitaktivitäten sind Besuche im Theater und Kino, sowie kulturelle Veranstaltungen. Auffallend war, dass alle Befragten angaben, dass sie sowohl tschechische als auch deutsche kulturelle Veranstaltungen besuchen. Alle Befragten halten es genauso für wichtig, die tschechischen Traditionen und Bräuche zu pflegen und an die Kinder weiterzugeben. Mehr als die Hälfte von den Interviewpartnern (sechs von zehn) gab an, dass sie kaum Unterschiede in den deutschen und tschechischen Traditionen sehen. Unterschiede betrachten sie eher in der Mentalität und den Essgewohnheiten:

„Unsere kulturelle Unterschiede sind nicht so groß. Ja gut, wenn ich gesehen habe, dass Deutschen Nutellabrot mit Käse essen, dann war es für mich ein kultureller Schock [lacht]*, aber wie gesagt die Kultur finde ich nicht so anders. Mentalität ist etwas anderes. Deutschen sind pragmatischer als wir Slawen und haben das gesellschaftliche Bewusstsein stärker , die Kontrollmechanismen funktionieren besser."* Michal, 43 Jahre, Augenarzt

Im Bezug auf das Informationsverhalten (politisches und gesellschaftliches Geschehen in Deutschland) fällt auf, dass sich alle Befragten hauptsächlich mithilfe des Fernsehens informieren, jedoch auch regelmäßig die deutschsprachigen Zeitungen bzw. Zeitschriften lesen oder mit anderen Personen die Information austauschen.

Das Internet wird vor allem als Informationsquelle für Nachrichten und Themen über Tschechische Republik genutzt, sowie für die Aufrechterhaltung der Kontakte zu den Verwandten und Bekannten aus der Heimat, und zwar bei allen befragten Personen. Ansonsten werden deutschsprachige Internetseiten genauso häufig wie die tschechischsprachigen genutzt.

Es kann zusammenfassend festgestellt werden, dass die Untersuchung verschiedener Aspekte der kulturellen Identität der Hochqualifizierten tschechischer Herkunft zwei Dimensionen kultureller Identität gezeigt hat. Einerseits die instrumentelle Dimension: das „Praktizieren bzw. nicht Praktizieren deutscher Kultur", anderseits die Dimension der Selbstverortung: die „Identifikation bzw. nicht Identifikation mit deutscher Kultur"

Des Weiteren wurde gezeigt, dass das Praktizieren deutscher Kultur nicht unbedingt eine Identifikation mit deutscher Kultur mit sich bringt. Alle Befragten haben soziale Kontakte mit den Einheimischen, sprechen die deutsche Sprache, üben einen Beruf aus. Trotzdem identifizieren sich einige nicht nur mit der deutschen Kultur.

Die Individuen, die von mehreren kulturellen Kontexten in ihren Lebensbereichen beeinflusst werden, können eine multikulturelle Identität entwickeln. Diese äußert sich im Zugehörigkeitsgefühl zu mehr als einer kulturellen Gruppe, die ethnisch definiert sein kann. Ein solches Zugehörigkeitsgefühl wird daher eine plurale subjektive kulturelle Zugehörigkeit genannt. Demnach liegt eine monokulturelle Identität vor, wenn die Individuen sich nur einer Gruppe zuschreiben bzw. eine singuläre subjektive kulturelle Zugehörigkeit entwickeln.[263]

Die Hochqualifizierten tschechischer Herkunft entwickeln mehrheitlich entweder eine multikulturelle Identität, in der sie sich sowohl der Mehrheitsethnie als auch der Minderheitsethnie zuschreiben oder aber eine monokulturelle Identität mit der Minderheitsethnie. An dieser Stelle muss erwähnt werden, dass die multikulturelle Identität eher die Migranten entwickelt haben, die länger als sieben Jahre in Deutschland leben und eine Familie haben. Bei der Familie ist wichtig zu betonen, dass die Familienmitglieder nicht nur tschechischer Herkunft sind. Dementsprechend spielt die Aufenthaltsdauer und der Familienzusammenhalt eine entscheidende Rolle bei der Entwicklung der kulturellen Identität von Migranten.

Zudem bestätigen die Ergebnisse die theoretischen Annahmen, dass die kulturelle Identität mehrere miteinander korrespondierenden Aspekte und Komponenten beinhaltet, somit Interferenz von Faktoren vorliegt. Dabei können die Hochqualifizierten tschechischer Herkunft die kulturelle Vielfalt ihres Umfeldes nicht nur in ihr Selbstbild integrieren, indem sie eine plurale kulturelle Zugehörigkeit entwickeln, sondern auch in ihrem Alltag davon Gebrauch machen.

4.7. Zufriedenheit und Zukunftsperspektiven von Hochqualifizierten tschechischer Herkunft

Die folgenden Ergebnisse spiegeln die subjektive Wahrnehmung der eigenen Lebenssituation und die daraus resultierenden Planungen für einen kürzeren oder dauerhaften Verbleib in Deutschland wider.

Bei fast allen Befragten überwiegt das Wohlbefinden in den meistens Lebensbereichen. Sechs von zehn Befragten sind sehr zufrieden in dem Arbeitsbereich, drei von zehn sind zufrieden, aber hoffen noch auf eine Verbesserung der beruflichen Lage, eine von zehn Befragten betrachten ihre berufliche Situation als vorübergehende Phase.

---

[263] Vgl. Kunz-Makarova: Multikulturelle Identität, 2002, S. 4.
Vgl. Roysircar Sodowsky, G. et al.: Ethnic Identity of Asians, In: Ponterotto, 1995, S. 136.

Weiterhin bekunden die Befragten große Zufriedenheit in den Bereichen Freizeitaktivitäten und der eigenen kulturellen Betätigung. Mit den sozialen Kontakten sind sieben von zehn zufrieden, wobei die Mehrheit betont, dass durch die anspruchsvolle Arbeitszeit wenig bis sehr wenig Zeit für die sozialen Kontakte bleibt. Drei von zehn Befragten vermissen die sozialen Kontakte aus ihrer Heimat. Die zwischenmenschlichen Beziehungen begrenzen sich auf die Arbeitskollegen und die Familie.

Die Frage nach der dauerhaften Bleibeabsicht ist für die langfristige Lebens- und Berufsplanung von entscheidender Bedeutung. Während die Rückkehr- oder Weiterwanderungsabsichten die Auseinandersetzung mit der eigenen Situation im Aufnahmeland und das Interesse an langfristigen beruflichen Planungen vermindern dürften, ist dagegen davon auszugehen, dass eine dauerhafte Bleibeabsicht die Motivation des Einzelnen für eine bessere Integration erhöhen müsste.

Wie lange sie in den zur Zeit ausgeübten Berufen bleiben werden, konnten die freiwillig nach Deutschland migrierten Personen nicht sagen, da sie nicht wussten, ob sie für immer in Deutschland bleiben wollen. Sollte sich eine berufliche Aufstiegsmöglichkeit anbieten, sind vor allem die unabhängigen, ohne Kinder lebenden Befragten (drei von zehn) bereit, ins Ausland zu gehen. Auch die Rückkehr in die Heimat behalten sich die Migrantinnen bzw. Migranten vor (die Hälfte der Befragten). Auffallend war, dass kein Befragter mit absoluter Sicherheit beantwortet hat, dass er für immer in Deutschland bleiben will.

Da die Integration als erstrebenswerte Strategie gilt, wurden die Befragten auch (unabhängig von der tatsächlichen Akkulturationsstrategien) zu ihrem Integrationsbestreben befragt – ob sie mit dem gegenwärtigen Zustand zufrieden sind oder ob sie diesen Zustand ändern möchten bzw. ob sie eine (bessere/intensivere) Integration in die Mehrheitsgesellschaft anstreben.

Der Integrationserfolg wird auch noch in neueren Studien daran bemessen, wie intensiv sich Ausländer kulturell und sozial an die „Deutschen" angenähert haben. Nach Römhild verbringen sie ihre Freizeit in ethnischen Gemeinschaften, so gilt dies als Integrationshindernis und wird oft auch als Integrationsverweigerung interpretiert.[264]

---

[264] Vgl. Römhild, Regina: Globalisierte Heimaten, In: Burmeister, Hans-Peter (Hrsg.): Die eine und die andere Kultur. Interkulturalität als Programm. 46. Loccumer Kulturpolitisches Kolloquium, Rehburg-Loccum 2003, S. 41.

Obwohl fast die Hälfte der Befragten mit den Gedanken spielt, irgendwann in die tschechische Heimat zurückzukehren, andere sogar noch ins Ausland auszuwandern, sind sieben von zehn Interviewpartner mit der Integration sehr zufrieden. Dies bestätigt die Theorie der transnationalen Räume, die besagt, dass ein Auswanderer nicht nur in einem Land agiert, sondern in mehreren Räumen (Ländern) beheimatet ist.

Drei von zehn Befragten sind weniger mit der Integration zufrieden, da sie ihre sozialen Kontakte aus der Tschechischen Republik vermissen. Dies liegt daran, dass sie erst kurze Zeit in Deutschland leben (fünf und weniger Jahre).

Zusammenfassend lässt sich feststellen, dass jede Person nach unterschiedlichen Kriterien ihre Zufriedenheit mit der eigenen Integration in Deutschland bewertet. Ist für eine(n) z.B. die Zufriedenheit mit der beruflichen Situation ein Grund sich integriert zu fühlen, ist dies für andere(n) gar kein Grund, da für sie/ihn z.B. die sozialen Kontakte entscheidend sind. Dies bestätigt die Annahme, dass die praktizierte bzw. gelebte Integration (als Akkulturationsstrategie) nicht unbedingt der gefühlten Integration entspricht.

4.8. Einordnung der Akkulturationsstrategien

Berry[265] beschreibt in seinem Akkulturationsmodell vier mögliche Ergebnisse des akkulturativen Prozesses, die sich aus dem Verhältnis der Migranten zu der aufnehmenden Kultur ergeben („Ist es von Wert, Beziehungen zur einheimischen Gruppe aufzubauen?"), andererseits aus dem Verhältnis der Einwanderer zu ihrer Herkunftskultur herleiten („Ist es von Wert, eigene kulturelle Charakteristika aufrechtzuerhalten?"). Je nachdem, wie die Antworten ausfallen, werden Migranten vier verschiedenen Typen von Akkulturationsergebnissen zugeordnet. *Marginalisation* bedeutet, dass sich die Migranten weder zur Herkunfts- noch Aufnahmegruppe zugehörig fühlen, *Separation,* dass zwar die Zugehörigkeit zur Gruppe der Herkunftskultur besteht, nicht aber zur Aufnahmekultur. Währen im Fall von *Integration* eine Synthese zwischen Elementen der Herkunfts- und der Aufnahmekultur ohne große Widersprüche gelingt, bedeutet *Assimilation* eine völlige Hinwendung zur Aufnahmekultur.

---

[265] Vgl. Berry: Acculturation, In: Padilla, 1980, S. 12ff.

In der vorliegenden Untersuchung galt es zu überprüfen, welche Akkulturationsstrategien die tschechischen Hochqualifizierten wählen bzw. anstreben und ob der sozioökonomische Status die Präferenz bestimmter Akkulturationsstrategien beeinflusst. Es wurde davon ausgegangen, dass die Ergebnisse die Hypothese I bestätigen, und zwar dass durch die erreichte Bildung der Hochqualifizierten tschechischer Herkunft und damit verbundene Lebensbedingungen in Deutschland eher die Integration bzw. Assimilation als Akkulturationsstrategie präferiert wird. Bei den Auswertungen der Ergebnisse stellte sich heraus, dass trotz der erreichten Bildung drei von vier Akkulturationstrategien (Integration, Assimilation, Separation und Marginalisation) bei den befragten Personen festgestellt werden können. Anhand der oben gewählten Kategorien[266] gelangte die Bewertung zu folgenden Ergebnissen: Insgesamt sechs der Befragten wählten die Integration als Akkulturationstrategie. Der Marginalisation und Separation folgen jeweils zwei der befragten Personen, wobei es sich als schwierig erwies, eine eindeutige Zuordnung vorzunehmen. In diesen Fällen wurde die Verschiebung der Strategien zwischen dem privaten und dem öffentlichen Raum festgestellt: Diese Befragten verfolgen die Hybrid-Strategien wie Marginalisation/Integration und Separation/Integration.

Assimilation als gegenwärtige Akkulturationsstrategie ist bei keinem der Befragten festzustellen. Ob Assimilation bei der zweiten Generation von Hochqualifizierten tschechischer Herkunft auftreten würde, bedarf es jedoch eine weitere Untersuchung. Solche Fragen wie z.B. die nach der Wahrnehmung der Kinder sowie nach der Rolle der Eltern dabei wären von Bedeutung. Im Rahmen der Recherche und Fachliteraturauswertung für die vorliegende Arbeit konnte keine vergleichbare Studie gefunden werden.

Auf die ermittelten Akkulturationsstrategien der Befragten wird im nächsten Schritt genauer eingegangen.

---

[266] Siehe Kapitel 4.2.- 4.7. in dieser Arbeit

Marginalisation

Die Marginalisation als eine Akkulturationsstrategie wurde zwei der Befragten zugeordnet, dem Michal, 43 Jahre, Augenarzt in eigener Praxis, 16 Jahre in Deutschland, verheiratet und der Ola, 42 Jahre, Allgemeinärztin, 13 Jahre in Deutschland, verheiratet. Die eindeutige Zuordnung dieser Befragten fiel nicht leicht. Die beiden Befragten üben zwar ihren erlernten Beruf aus, ein der Befragten besitzt sogar eigene privat Arztpraxis und beide der Befragten verfügen über sehr gute Deutschsprachkenntnisse. Jedoch konnte man aus ihren Aussagen zu der Einstellung sowohl zu der deutschen als auch zu der tschechischen Kultur ableiten, dass sich die beiden Befragten keiner von beiden zugehörig fühlen. Sie schätzen sich selber im Gespräch nicht als Tscheche(in) oder Deutsche(r) ein, sonder eher als Kosmopolit(in).

Die Befragten haben nach eigener Aussage keine bestimmte nationalstaatliche Bindung zu einem einzigen Land, vielmehr unterhalten sie Beziehungen zu mehreren Ländern, sowohl privat als auch beruflich. Sie zeichnen sich durch globales Denken, multikulturelle Grundhaltung, durch das Streben nach beruflichem Erfolg und intensivem Leben aus. In Deutschland fühlen sie sich wohl und haben einen großen Freundeskreis, der ethnisch gemischt ist. Auch dem Partner gegenüber sind sie offen eingestellt. Beide Befragten sind mit einem Partner mit einem anderen ethnischen Hintergrund (amerikanischer und persischer) verheiratet. Sie sind in transnationalen Netzwerken mobil, die sie über ethnische, soziale und räumliche Grenzen hinweg pflegen. Regelmäßige Besuche in der Tschechischen Republik und den Ländern ihrer Partner stärken ihre Mobilität, denn Mitglieder der Familie leben in verschiedenen Ländern bzw. Kontinenten. Auch in ihren Sprachkenntnissen und -gebrauch zeigt sich ihre Multikulturalität. Außer der deutschen Sprache, pflegen sie die tschechischer Sprache, indem sie tschechische Literatur lesen und tschechische kulturelle Veranstaltungen besuchen, jedoch privat und zu Hause reden sie meistens Deutsch oder Englisch, was durch die Ehepartner bedingt ist.

Laut Berry ist die Akkulturationstrategie Marginalisation am meistens mit akkulturativem Stress verbunden, was aber meine Ergebnisse nicht bestätigen können, denn die Befragten sind mit ihrem Leben in Deutschland zufrieden. Diese Zufriedenheit basiert auf einem psychischen Wohlbefinden der Befragten, das mit einem Gefühl der Weltoffenheit verbunden ist. Bei der Frage nach den Zukunftsplänen antworteten beide Befragten, dass sie sich durchaus auch ein Leben in einem anderen Land vorstellen können und weitere Migration nicht auszuschließen ist. Dementsprechend lehne ich mich an die Unterteilung der Marginalisation in die

Individualisierung von Bourhis et al.[267] an. Die Individualisierten sagen sich von der Ursprungs- und der Gastkultur los, weil sie sich selbst eher als Individuen und nicht als Mitglied der Immigrantengruppe oder Gastkulturmehrheit identifizieren. Sie sehen alle Menschen als eigenständige Personen, bei welchen individuelle Charakteristiken zählen. Solche Menschen lehnen das Gruppendenken komplett ab und stammen mit großer Wahrscheinlichkeit eher aus individualistischen als aus kollektivistischen Gesellschaften. Während in individualistisch orientierten Gesellschaften die Loyalität gegenüber der Eigengruppe nicht so bedeutend ist, ordnen Individuen in kollektivistischen Gesellschaften ihre persönliche Ziele ihrer Eigengruppe unter.[268] Die Tschechische Republik wurde laut Hofstede[269] eher einer individualistischen Gesellschaft zugeordnet.

Die oben genannte Einordnung zur Akkulturatiostrategien bezieht sich auf folgendes Verschiebungsmuster. Das Verhalten der beiden Befragten im privaten Raum ist allen Kulturen gegenüber offen und die Kontakte und Freizeitaktivitäten sind ausschließlich weder auf tschechische noch auf deutsche Kultur bezogen, jedoch aufgrund ihrer beruflichen Tätigkeit und dadurch einen intensiven Kontakt mit der Mehrheitsgesellschaft (täglicher Sprachgebrauch, Teamarbeit, Betriebsausflüge, etc.) können sie als integriert eingestuft werden und werden höchstwahrscheinlich von den Einheimischen (z.B. von ihren Kollegen) so wahrgenommen. Daher können diese Befragte als marginalisiert bzw. individualisiert im privaten und als integriert im öffentlichen Raum bewertet werden und dementsprechend der hybriden Akkulturationsstrategie Marginalisation bzw. Individualisierung/Integration zugeordnet.

Vor diesem Hintergrund muss daher besonders darauf hingewiesen werden, dass die Individualisierung als Akkulturatiosstrategie keineswegs mit Marginalität oder Randständigkeit verwechselt werden darf. Das Konzept der Marginalität, das u.a. auf Robert Park zurückgeht, bezeichnet: *"(...) enge Beziehungen von Personen zu unterschiedlichen Gruppen bei ungeklärter*

---

[267] Vgl. Bourhis et al.: Immigration, In: Mummendey, 1997, S. 91ff
[268] Vgl. Bourhis et al.: Immigration, In: Mummendey, 1997, S. 92.
[269] Siehe Kapitel 2.4.1. in dieser Arbeit.

Zugehörigkeit ; die marginale Lage bewirke einen Kulturkonflikt und Identitätsunsicherheit."[270]

Demzufolge trifft diese „kosmopolitische Integration" oder „interkulturelle Integration" (als Mittelweg zwischen Assimilation und Separation), wie sie Geißler und Pöttker[271] vorschlagen, auf die Hochqualifizierten tschechischer Herkunft aufgrund einer erkennbaren Tendenz zur inter-, trans- und multikulturellen Entwicklung der Identität zu. Ihre Träger sind zweiheimisch, bi- oder trinational; sie sitzen entweder zwischen den Stühlen oder auf einem „Dritten Stuhl".[272]

Laut Beck[273] beinhaltet der Begriff „kosmopolitisch" ein spezifisches Modell für den Umgang mit Diversität, ohne sich auf essenzialistische Erklärungen zu beziehen. *„Es ist nicht der Grundsatz des Entweder-Oder, sondern ein Modell – eine Logik – für den Umgang mit Vielfalt entsprechend der Realität des Sowohl-als-auch"*[274]

Separation

Die Separation ist dadurch gekennzeichnet, dass die Referenz sowohl in Bezug auf die Staatsangehörigkeit als auch in Bezug auf die kulturelle Identität im Herkunftskontext verbleibt. Empirisches Hauptmerkmal sind die überaus intensiven Kontakte der Migranten zu ihren Verwandten auch über die Entfernung und längere Zeiträume hinweg. Hierin kann auch eine der Ursachen für die ausgeprägte Rückkehrabsicht liegen, die für die Segregation als Akkulturationsstrategie so typisch ist.[275]

Als separiert können zwei von zehn Befragten bewertet werden, Karel, 33 Jahre, drei Jahre in Deutschland, Medizinstudent im Approbationsjahr, ledig und Jaromir, 42 Jahre, vier und halb Jahre in Deutschland, HNO-Arzt, verheiratet. Die Kultur des Herkunftslandes (Tschechien) ist im Alltag der beiden sehr präsent: Die Kontakte und Freizeitgestaltung mit tschechischsprachigen Bekannten und Verwandten, tschechisches Essen, das Feiern der tschechischen Feier-

---

[270] Zit. nach Heckmann, F.: Ethnische Minderheiten, Volk und Nation, Enke, Stuttgart 1992, S. 179.
[271] Siehe Kapitel 2.2.2. in dieser Arbeit.
[272] Vgl. Badawia, Tarek: Der Dritte Stuhl. Eine Grounded Theory-Studie zum kreativen Umgang bildungserfolgreicher Immigrantenjugendlicher mit kultureller Differenz, Frankfurt/M 2002.
[273] Vgl. Beck, Ulrich: Kosmopolitisierung ohne Kosmopolitik: Zehn Thesen zum Unterschied zwischen Kosmopolitismus in Philosophie und Sozialwissenschaft, In: Berking, Helmuth (Hrsg.): Die Macht des Lokalen in einer Welt ohne Grenzen, Campus-Verlag, Frankfurt am Main 2006, S. 254f.
[274] Zit. nach Beck, Ulrich: Kosmopolitisierung ohne Kosmopolitik, S. 257.
[275] Vgl. Berry: Immigration, 1997, S. 45f.

tage. Bei Jaromir ist dies noch verstärkt durch seine tschechische Frau und seine Kinder, die die Kontakte unter anderem auch zu den Tschechen pflegen. Jedoch ist die einseitige Aufrechterhaltung der Herkunftskultur für die Befragten keine prinzipielle Einstellung zu der deutschen Kultur. Es liegt vielmehr an der kurzen Aufenthaltsdauer der Befragten (drei und vier und halb Jahre) sowie an einer noch nicht sehr guten Sprachkompetenz der beiden (laut eigener Aussage), weshalb es noch keine bzw. wenige Kontakte oder Freundschaften mit Einheimischen gibt. Die Kontakte mit Einheimischen beschränken sich nur auf den Arbeitsplatz, die nicht im privaten Raum gepflegt werden. Der Freundeskreis besteht meist aus den Landsleuten (Tschechen) oder aus anderen ethnischen Gruppen. Bei dem Ehepartner handelt es sich bei Jaromir um den Partner derselben Herkunft. Karel war zur Zeit der Befragung alleinstehend, äußerte allerdings den Wunsch die Partnerin aus Tschechien zu haben, schon seiner Herkunftsfamilie wegen. Gegen eine Partnerin mit anderer Herkunft ist er allerdings nicht abgeneigt.

Die Herkunftssprache hat bei den Befragten eine große Bedeutung und sie finden es wichtig, sie weiter zu pflegen. Beide sprechen zu Hause viel Tschechisch, Jaromir mit seiner tschechischen Familie, Karel mit seinem tschechischem Mitbewohner, der gleichzeitig auch sein bester Freund ist. Beiden Befragten ist es allerdings bewusst, dass dies ein großer Nachteil für das Erlernen der deutschen Sprache ist, was für sie zur Zeit die größte Priorität ist:

„Ich würde sagen meine Deutschkenntnisse sind ausreichend, aber nicht gut. Ich will die deutsche Sprache perfekt beherrschen, es ist wichtig für meinen Beruf (...) Ich kann mich zwar bei der Arbeit verständigen, wenn ich aber nicht weiter weiß, spreche ich einfach Englisch, es klappt immer (...) Ich besuche weiterhin einen Sprachkurs für Mediziner, es ist sehr wichtig für mich" **Karel, 33 Jahre, im Approbationsjahr**

Beide Befragten fühlen sich in Deutschland zwar wohl, sind aber auf ihre Wurzel und ihre Herkunft stolz. Regelmäßige Besuche in Tschechien stärken ihr Zugehörigkeitsgefühl:

„Immer wenn ich Tschechien besuche, fühle ich mich zu Hause, dort bin ich geboren, dort habe ich alle Verwandten, meine Freunde (...) Wenn ich nach Berlin wieder komme, brauche ich ein bisschen Zeit mich irgendwie einzuleben (...)" **Jaromir, 42 Jahre, HNO-Arzt.**

Karel leidet noch unter Heimweh:

„Die Entfernung von Zuhause ist schlimm, es fehlt mir tschechische Musik, Kneipen, meine Freunde, meine Umgebung, meine Familie. Jeder Mensch hat seine Probleme, es ist aber entscheidend, wie man damit umgeht."

Jaromir und Karel haben sich mit dem Leben in Deutschland arrangiert, die Einbürgerung wird nicht angestrebt, da das Leben in Deutschland nicht als definitiver, sondern nur als ein vorübergehender Zustand angesehen wird. Mit diesem Motiv sind sie auch ausgewandert, und zwar für eine befristete Zeit in Deutschland zu arbeiten und berufliche Erfahrungen zu sammeln. Sie empfinden ein starkes Zugehörigkeitsgefühl zu ihrem Herkunftsland und möchten als Angehörige ihres Herkunftslandes in Deutschland leben und auch so akzeptiert werden. Die tschechische Staatsangehörigkeit wird als „natürlich" empfunden.

Zu den am häufigsten in der Befragung geäußerten Gründen dafür, dass eine Einbürgerung nicht in Betracht gezogen wird, gehörte, dass die Rückkehr in das Herkunftsland angestrebt wird:

„Ich würde mich nicht einbürgern lassen, da ich immer noch am Überlegen bin, was mit meiner Zukunft passiert, ob ich hier bleibe oder nicht. Ich denke, wenn ich hier für immer bleiben würde, auch eine deutsche Frau heiraten würde, wäre es für mich ein Vorteil. Mein Herz ist immer noch tschechisch, aber es kann möglich sein, dass ich es machen würde. Zur Zeit ist es aber für mich nicht aktuell (...) Wenn ich mich einbürgern lasse, müsste ich meine tschechische Staatsangehörigkeit abgeben, es kommt nicht in Frage." **Karel**

Jaromir dazu:

„Ich brauche die deutsche Staatsangehörigkeit nicht, ich führe auch als Tscheche ein gutes Leben hier. Ich glaube, dass ich nicht für immer bleibe, habe nur einen befristeten Vertrag, ich will wieder nach Tschechien. Ich werde sehen, was die Zukunft bringt."

Obwohl eine Rückkehr ins Herkunftsland in Erwägung gezogen wird, ist der Integrationswille der Beiden stark. So Jaromir auf die Frage, ob er sich integriert fühlt und weiterhin integrieren will:

„Ähmm...es ist so, da ich es am Anfang erst als Übergangsphase angesehen habe, habe ich nicht mal versucht mich zu integrieren, jetzt mittlerweile will ich mich integrieren, bewusst integrieren. Es ist aber eine Entwicklungssache. Ich möchte nicht da sein wie ein Ausländer, sondern als ein Mitarbeiter, daher, denke ich, ist eine Integration sehr wichtig."

Obwohl die Aufrechterhaltung der tschechischen Kultur bei diesen Befragten viel stärker ausgeprägt ist als bei anderen, ist keine prinzipielle Abneigung der deutschen Kultur gegenüber festzustellen. Sie haben zwar keine enge Beziehung zur deutschen Kultur, trotzdem wird diese, laut Aussagen der Befragten, völlig akzeptiert. Dennoch ist bei denen auch kein großer akkulturativer Stresszustand vorzufinden. Die Befragten verkehren im großen Kreis der Familie sowie der tschechischsprachigen Freunde und fühlen sich in Deutschland wohl. Dazu trägt vor allem ihre berufstätige Situation, die sie in Deutschland freiwillig gewählt haben und als eine positive Entwicklung ihres Laufbahns betrachten. Der Wunsch der Befragten nach der Integration äußert sich im Vorhaben, die Deutschkenntnisse etwas zu verbessern und im Beruf als Mitarbeiter akzeptiert zu werden, im Übrigen, vor allem im Beruf sind die Befragten zufrieden.

Jedoch muss an dieser Stelle erwähnt werden, dass genauso wie bei der Marginalisation auch bei der Separation eine eindeutige Einordnung nicht möglich war. Da für die folgende Untersuchung gezielt die Gruppe von Mediziner tschechischer Herkunft gewählt war, ist man davon ausgegangen, dass die strukturelle Integration (Positionierung im Beruf) vorhanden ist. Dadurch zählen auch die Befragten, die im privaten Raum als separiert bewertet werden können, im öffentlichen Raum zu den Integrierten. Damit können sie auch zu den Hybrid-Akkulturatiosstrategien eingeordnet werden.

Laut Berry trifft die Separation als Akkulturationsstrategie vor allem bei Arbeitslosen, was meine Ergebnisse nicht bestätigen können.

Die Aussagen der Befragten zeigen, dass in der ersten Zeit nach der Migration meistens eine Separation auftritt. Laut Berry[276] sind diese Strategie mit einem hohen Akkulturationsstress verbunden, was meine Ergebnisse aber nicht bestätigen können. Zwar haben die Befragten weniger Kontakte zu Einheimischen (zumindest im privaten Raum, beruflich bestehen Kontakte zu Deutschen) und überwiegend oder nur zu Tschechen, trotzdem empfinden sie keine Ablehnung durch die Aufnahmegesellschaft. Dies kann damit begründet werden, dass beide Befragten eine Positionierung im Beruf erreicht haben. Der Berufsstatus hat eine zentrale Bedeutung im Leben eines jeden Menschen und zeigt Auswirkungen auf affektive, motivationale und kognitive Verhaltensaspekte. Laut Frese[277] stellt die Arbeitstätigkeit eine der „wesentlichen Sozialisationsbedingungen" des Erwachsenenalters dar und bestimmt die Struktur des Alltags.

Durch die ausbleibenden Kontakte zu Einheimischen fehlt die soziale Sicherheit, die meistens am Anfang der Migration auftritt. Die Separation bietet aber den Migranten durch das Verbleiben in den eigenen ethnischen Netzwerken gerade diese fehlende soziale Sicherheit und keinen Verlust ihre herkömmliche kulturelle Identität, was vielleicht gerade in der ersten Phase der Migration zur einen persönlichen Desorientierung führen könnte. Die Kontakte zur eigenen Landsleuten, vor allem in der Familie, helfen ihnen sich einzuleben und bilden außerdem eine emotionelle Stütze.

Wie die Ergebnisse außerdem zeigen, sind auch für die Wahl der Separation die Bleibeabsichten der Migranten in Deutschland entscheidend. Beide Befragten, die als separiert bewertet

---

[276] Vgl. Berry, John W.: A psychology of immigrantion, Journal of Social Issues, 57. Jg. (2001), S. 620f.
[277] Vgl. Frese, Michael zit.nach Rahrakhshan, Mohammad: Das psychische Befinden von iranischen Migranten in Deutschland. Zur Bedeutung des Attributions- und Bewältigungsstils bei der Auseinandersetzung mit akkulturativem Stress, Diss. an der Universität Hamburg 2007, S. 174, In: *ediss.sub.uni hamburg.de/volltexte/2007/3314/pdf/Dissertation.pdf, Zugriff am: 15.03.2011*

wurden, ziehen in Betracht in das Heimatland zurückzukehren. Mit dieser Absicht wanderten sie auch nach Deutschland aus. Demzufolge wird Separation gewählt, wenn es sich um eine temporäre Migration handelt. Die Separation scheint in diesen Fällen als bewusst gewählte Akkulturationsstrategie, denn beide Befragten wollen als tschechische Staatsbürger betrachtet und akzeptiert werden, was ein hohes Selbstwertgefühl aufweist.

Interessant wäre es zu untersuchen, ob sich nach längerem Aufenthalt in Deutschland die Akkulturationsstrategie bei diesen Befragten verändern würden. Die Integration als Akkulturationsstrategie kann daraufhin folgen, muss aber nicht.

Integration

Die Mehrheit der Befragten wurde der Akkulturationsstrategie Integration zugeordnet.

Die sechs Befragten, die als integriert bezeichnet werden, zeigen eine hohe Affinität der deutschen Kultur gegenüber und haben weiterhin ein starkes Integrationsbestreben. Die MigrantInnen partizipieren intensiv am gesellschaftlichen Leben des Aufnahmelandes, d.h. sie sind weitgehend
integriert, haben aber gleichzeitig den Kontakt zu und die Identifikation mit ihrem Herkunftsland beibehalten. Sie entwickeln sog. bi-kulturelle Identität, sie fühlen sich teils als Deutsche(r) teils als Tscheche(in). Ein interessanter Aspekt dabei ist, dass sich die Mehrheit der als gut integriert bewerteten Befragten doch zu Tschechen als zu Deutschen zuordnet:

„Ich fühlte mich hier schon nach kurzer Zeit wohl, mit der Zeit habe ich gemerkt, dass ich mich von Tschechien irgendwie entfremdet habe. In meinem Inneren bin ich Tschechin, dass ist stärker, das kann man nicht mehr ändern. Auf der anderen Seite fühle ich mich aber auch irgendwie als Deutsche. Ich bin hier zu Hause, aber meine Wurzel vergesse ich nicht." **Jana, 41 Jahre, Kinderärztin**

In manchen Situationen überwiegt die Verbundenheit mit Tschechien:

„Ich merke z. B. beim Weltmeisterschaft im Fußball, dass die tschechische Seele in mir ist. Natürlich will ich, dass Tschechien gewinnt." **Petr, 35 Jahre, Allgemeinarzt**

In anderen Situationen mit Deutschland:

„Es ist komisch, ich merke, wenn ich in Tschechien bin, dass ich manchmal nicht die tschechischen Witze verstehe, da ich nicht mal die Personen kenne, die in den Witzen gemeint sind. In Deutschland ist es anders, ich verstehe den deutschen Humor und finde ich ihn auch gut."
Hana, 52 Jahre, Zahnärztin in eigener Praxis

Einige sind stolz auf ihren Migrationshintergrund und sehen es sogar als Vorteil, vor allem die Mehrsprachigkeit und das Know-how beider Kulturen.

Die Befragten berichten von einem großen Freundeskreis, der sich aus ethnisch-gemischten Freunden zusammensetzt. Sie liegen keinen Wert darauf, ob sie die Freizeit mit Deutschen oder Leuten anderer Herkunft verbringen. Auch dem zukünftigen Partner (bei ledigen Personen) zeigen sie Offenheit gegenüber, die Nationalität spielt keine Rolle. Zwei Befragte sind mit einem deutschen , zwei mit einem tschechischen Partner verheiratet.

Die Integrierten weisen eine starke Akkulturation in allen Bereichen des sozialen und familiären Lebens auf, einige übernehmen auch die Staatsangehörigkeit der Aufnahmegesellschaft (drei von zehn Befragten), aber die vollkommene Assimilation an die dominante Kultur bleibt aus. Vielmehr wird die Staatsangehörigkeit aus rein pragmatischen Erwägungen heraus erworben, bei meinen Befragten konkret wegen der Möglichkeit die deutsche Approbation zu erlangen.

Sie leben grundsätzlich gern in Deutschland, einige können sich sogar vorstellen, für immer in Deutschland zu bleiben. Alle sechs Personen fühlen sich aber auch gewissermaßen mit ihrem Herkunftsland verbunden, Kontakte im und Besuche nach Tschechien werden gepflegt und aufrechterhalten. Sie können sich schon vorstellen in das Herkunftsland zurückzukehren, doch die Rückkehr wird nicht um jeden Preis angestrebt, sondern erst, wenn sich eine günstige Gelegenheit dazu bietet.

Sie sind sehr stark bildungsorientiert, was sie weiterhin auf ihre Kinder übertragen bzw. übertragen wollen. Sie beherrschen sehr gut die deutsche Sprache, pflegen sowohl ihre Muttersprache als auch andere Weltsprachen, denn Mehrsprachigkeit betrachten sie als ökonomischen Vorteil. Zu Hause sprechen sie sowohl Deutsch als auch Tschechisch.

Die integrierten Personen sind in der Regel beruflich erfolgreich, d.h. sie verfügen über eine feste Anstellung oder haben sich selbständig gemacht, arbeiten in ihrem erlernten Beruf, verfügen über ein angemessenes Einkommen, wobei bei Einigen auch Anlaufschwierigkeiten beim Eintritt in das Berufsleben zu verzeichnen sind.

Ausnahme bildet nur eine Befragte, die unterhalb des Qualifikationsniveaus tätig ist und dadurch bei ihr typische Elemente des Brain Waste[278] vorliegen. Sie selbst fühlt sich in Deutschland wohl, ihre berufliche Situation betrachtet sie als Übergangsphase, da sie erst sehr kurze Zeit in Deutschland lebt (zur Zeit der Befragung anderthalb Jahre). Sie hat nur deutsche Freunde und zu Hause spricht sie sowohl Deutsch als auch Tschechisch. Laut eigener Aussage ist sie froh, nach Deutschland ausgewandert zu sein und will sich weiterhin integrieren. Auf

---

[278] Wenn die tatsächliche Beschäftigung im Zielland nicht der Qualifikation des Migranten entspricht, wird die Abwanderung von Hochqualifizierten zu einem Brain-waste. Zit. nach: http://www.gleiche-chancen.at/down/glossar.htm, Zugriff am: 31.05.2011

die Frage: „Fühlen Sie sich integriert?", antwortete die 47-Jährige:

"Ziemlich, da ich noch nicht fest arbeite, nicht ganz. Denke aber, wenn ich arbeite, werde mich integriert fühlen. Dank meiner Arbeit kenne ich schon Leute aus meiner Profession, durch mein Hobby, das Singen, kenne ich auch Leute, zu denen ich schon ein enges Verhältnis aufgebaut habe, dadurch fühle ich mich integriert." **Zuzana, Krankenpflegerin im Krankenhaus.**

Dies bestätigt die Annahme, dass nicht nur die strukturelle Integration und das Beherrschen der Sprache, sondern auch die persönlichen Eigenschaften und Einstellung die Akkulturation beeinflussen. So fällt es einer kontaktfreudigen Person, die über ein hohes Bildungsniveau verfügt und deren Begegnungen mit den Mitgliedern der deutschen Gesellschaft bisher positiv verlaufen sind, höchstwahrscheinlich leichter, sich in der neuen Kultur einzufinden, als es für eine zurückgezogene und ängstliche Person der Fall ist, die zu dem ein niedrigeres Bildungsniveau aufweist und sich mit Erfahrungen von Diskriminierung konfrontiert sah.

Zum Schluss werden an dieser Stelle zur Übersicht alle typischen empirischen Hauptmerkmale der Akkulturationsstrategien von den befragten Hochqualifizierten tschechischer Herkunft in einer Tabelle dargestellt:

Tabelle 5: Akkulturationsstrategien von befragten Hochqualifizierten tschechischer Herkunft

	AKKULTURATIONSSTRATEGIEN VON HOCHQUALIFIZIERTEN TSCHECHISCHER HERKUNFT		
	Marginalisation/ Individualisierung	Separation	Integration
Wirtschaftliche Teilhabe	- Beschäftigung im Rahmen des Qualifikationsniveaus oder sogar leicht darüber - ausgeprägter internationaler Bezug der Berufstätigkeit	- Beschäftigung im Rahmen des Qualifikationsniveaus aber mit anfänglichen Schwierigkeiten	- Beschäftigung im Rahmen des Qualifikationsniveaus oder sogar leicht darüber
Politische Teilhabe	- Einbürgerung unter Aufgabe der Herkunftsstaatsangehörigkeit ohne Probleme - kultureller Zugehörigkeit keine Bedeutung beigemessen	- ablehnende Haltung gegenüber Einbürgerung	- Einbürgerung aus pragmatischen Gründen - Beibehaltung des Gefühls der Zugehörigkeit zum Herkunftsland (Tschechien)
Vereinsleben	- Teilhabe an international. Vereinen	- Teilhabe an Vereinen, die sich aus Landsleuten zusammensetzen	- Teilhabe sowohl an deutschen als auch tschechischen Vereinen
Persönliche Beziehungen	- Kontakte zu Angehörigen aller ethnischen Gruppen	- Freundschaften tendenziell zu Landsleuten und anderen ethnischen Migranten	- ethnisch-gemischte Kontakte - Freundschaften sowohl mit Deutschen als auch mit Tschechen oder mit anderen ethnischen Migranten
Familiäre Beziehungen	- Multinationale Beziehungsnetze	- Partnerschaft mit Landsleuten - regelmäßige intensive Kontakte mit Verwandten und Bekannten aus Herkunftsland	- Partnerschaft sowohl mit deutschen als auch mit tschechischen Partnern - häufig keine anderen Verwandten im Aufnahmeland - regelmäßige Besuche bei der Familie im Herkunftsland
Sprachkenntnisse	- sowohl sehr gute Deutsch- als auch Fremdsprachenkenntnisse - Tschechisch wird gepflegt - zu Hause Deutsch oder Englisch gesprochen	- Deutschkenntnisse ausreichend bis gut - zu Hause wird überwiegend Tschechisch gesprochen	- sehr gute Deutschsprachkenntnisse - zu Hause Deutsch gesprochen - Tschechisch gepflegt
Selbstidentifikation	- keine spezifische ethnische Identität - als Individuum betrachtet - Kosmopolit, nicht Entweder- oder, sondern Sowohl-als-auch Identität	- starke tschechische Identität aufrechterhalten	- multikulturelle Identität - sowohl tschechische als auch deutsche Identität
Rückkehrabsicht	- spielt keine Rolle, wo sie ihre Zukunft verbringen	- Aufenthalt in Deutschland vorübergehend - höchstwahrscheinlich Rückkehr in das Herkunftsland	- Rückkehr eventuell durch günstige Gelegenheit geplant - nicht um jeden Preis angestrebt

Eigene Darstellung

Zusammenfassend lässt sich jedoch am verwendeten Modell von John W. Berry kritisch anmerken, dass eine eindeutige Zuordnung der Befragten zu einer Akkulturationsstrategie schwer fällt. Dies bestätigen die ermittelten Hybrid-Akkulturationsstrategien. Wie die Untersuchung zeigt, liegt die Vermutung nahe, dass jeder berufstätiger Migrant bzw. jede Person mit Migrationshintergrund aufgrund der Tätigkeit in einem einheimischen Unternehmen bzw. in einem Team mit Einheimischen als integriert eingestuft werden könnte, unabhängig davon, welche Strategie im privaten Raum verfolgt wird. Andere Akkulturationsstrategie konnte im öffentlichen Raum wahrscheinlich auftreten, wenn die Migranten in einem multinationalen bzw. aus ethnischen Nischen bestehenden Unternehmen tätig wären. Berücksichtigen muss auch aus welchem beruflichen Bereich die hochqualifizierten Migranten kommen. Denn nicht alle hochqualifizierten Migranten arbeiten in ihrem erlernten Beruf und erleben dadurch ihre Dequalifikation und höchstwahrscheinlich eine Marginalisierung im Erwerbssektor (Brain-Waste). Dies betrifft die befragten Mediziner (außer einer Befragten) tschechischer Herkunft nicht.

Die Hybrid-Strategien zeigen genauer die Akkulturation im privaten und öffentlichen Raum auf und eignen sich daher für die Bewertung der Anpassung der Migranten an die Mehrheitsgesellschaft besser. Demzufolge kann die Bewertung der Akkulturation der Migranten mit Hilfe eines qualitativen Interviews nur bedingt nach Berrys Modell erfolgen.

Nichtsdestotrotz kann man aus der Bewertung der Akkulturationsstrategien ableiten, dass die Mehrheit der Befragten als gut integriert bezeichnet werden kann und sich weiterhin in die Gesellschaft integrieren möchte.

5. Zusammenfassende Darstellung

Das Ziel der vorliegenden Arbeit war zu überprüfen, welche Akkulturationsstrategien die tschechischen Hochqualifizierten wählen bzw. anstreben und ob der sozioökonomische Status die Präferenz bestimmter Akkulturationsstrategien beeinflusst.
Folgende zwei Hypothesen lagen dieser Untersuchung zugrunde:

1. Die hohe Bildung der Migranten tschechischer Herkunft trägt automatisch dazu bei, dass die Akkulturationsstrategien Integration bzw. Assimilation präferiert werden.

2. Trotz der hohen Bildung bei den Migranten tschechischer Herkunft können die Akkulturationsstrategien unterschiedlich ausfallen.

Den theoretischen Hintergrund der Untersuchung bildete das Akkulturationsmodell des kanadischen Psychologen und Migrationsforschers John W. Berry, das unter anderem anhand von vier Akkulturationsstrategien die Anpassung der Migranten an die Mehrheitsgesellschaft definiert.
Mit Hilfe des qualitativen problemzentrierten Interviews als Untersuchungsmethode wurden die Hypothesen geprüft und anhand der ermittelten Ergebnisse die Akkulturationsstrategien der befragten Hochqualifizierten tschechischer Herkunft eingeordnet.

Obwohl die Mehrheit der Befragten in der vorliegenden Untersuchung als gut integriert bewertet werden kann, wurde die Hypothese I nur teilweise bestätigt. Die Strategie Integration ist demzufolge nicht in vollständigem Maße dominant, da nur sechs von zehn Probanden in Selbstbeschreibung diesem Muster folgten. Der Strategie Assimilation folgte allerdings kein(e) der Befragten. Dies zeigt, dass die Behauptung von Esser, dass die Sozialintegration in die Aufnahmegesellschaft nur in der Form der Assimilation möglich sei, nicht in Frage für die hier Befragten kommt.

Die Untersuchungsergebnisse bestätigen partiell die Hypothese II, dass trotz der hohen Bildung bei der hier untersuchten, spezifischen Gruppe von Migranten tschechischer Herkunft die Akkulturationsstrategien unterschiedlich ausfallen können.

Die Ergebnisse zeigten, dass neben der Integration (die wohl beliebteste Akkulturationsstrategie, was auch in anderen Studien belegt werden konnte) auch Akkulturationsstrategien wie Marginalisation bzw. Individualisierung und Separation, zumindest im privaten Raum, gewählt bzw. angestrebt werden.

In der Literatur gelten die Strategien Marginalisierung und Separation als unerwünscht und werden eher negativ betrachtet. Laut Berry sind diese Strategien mit einem hohen Grad des Akkulturationsstress verbunden.

Doch Ergebnisse in der vorliegenden Arbeit verdeutlichen, dass eine Präferenz der Marginalisationsstrategie nicht alleine durch einen fehlgeschlagenen Integration- bzw. Assimilationsversuch verursacht werden muss. Die fehlende Identifikation mit der Herkunftskultur und gleichzeitig mit der Kultur der Aufnahmegesellschaft kann ebenfalls aus einer geringen Bedeutung heraus entstehen, welche der eigenen ethnischen Identität beigemessen wird. Anhand eines qualitativen Interviews konnte gezeigt werden, dass die bezeichnete marginalisierte Individuen, die sich zwar weder mit ihrer Herkunftskultur noch mit der Aufnahmegesellschaft identifizierten, jedoch von einer starken Verbundenheit zu Europa bzw. der ganzen Menschheit berichteten. Hieraus wurde geschlossen, dass für diese Personen ethnische Identität keine große Rolle spielt, da sie eher eine übernationale bzw. kosmopolitische Identitätsorientierung favorisieren.

Genauso die Wahl der Separation bedeutet nicht unbedingt, dass die Befragten eine Ablehnung durch die Aufnahmegesellschaft erleben oder sich von den Einheimischen abgrenzen wollen. Die kulturelle Unterschiede zwischen der tschechischen und deutschen Kultur sind nicht so gravierend[279] bzw. die Befragten empfinden sie nicht so stark, daher kommt es bei Aufrechterhalten sowohl der eigenen kulturellen Identität als auch der Kontakten unter eigenen ethnischen Netzwerken weniger zur Auseinandersetzung mit sozialen wie auch menschlichen Strukturen in Deutschland, wie es z. B. bei der Gruppe der Chinesen der Fall ist.

Der Beruf als Mediziner erlaubt es den Befragten, dass sie ihren Status, den sie in der Tschechischen Republik erworben haben, weiterhin behalten dürfen bzw. können. Dementsprechend ist die Wahl der Separation eine freiwillige und keine erzwungene Entscheidung, was weniger zu einem Akkulturationsstress führt.

---

[279] Siehe Kulturtypologie im Kapitel 2.4.1. in dieser Arbeit.

Wenn man auf die grundlegende Frage der Arbeit zurückkommt, ob der sozioökonomische Status die Präferenz bestimmter Akkulturationsstrategien beeinflusst, kann die Antwort folgendermaßen lauten: Erfolgreiche Etablierung in der Aufnahmegesellschaft ist wesentlich bildungsabhängig. Je höher das Bildungsniveau desto leichter und besser gelingt es. Der großen Mehrheit der Migranten ist dieser Zusammenhang bewusst. Alle Befragten genießen Ausbildung im medizinischen Beruf, der zusammen mit technischen Berufen (Ingenieurwesen, Informatik etc.) universeller und für Migranten grundsätzlich leichter zugänglich erscheint als bestimmte kulturnahe Berufsbilder, bei denen nationaler Herkunft und (Vorab)Akkulturation eine weitaus größere Bedeutung zukommt.

Doch die Qualität der Inklusion in den Arbeitsmarkt ist keineswegs ausschließlich vom Wissen und Können der Hochqualifizierten mit Migrationshintergrund abhängig, sondern wird vom Zusammenwirken mehrerer Dimensionen beeinflusst, wie z.B. der rechtlichen Situation, bilateralen Abkommen, dem Ansehen, das das Herkunftsland in der Aufnahmegesellschaft genießt usw. Aufgrund von strukturellen Hürden, Informationsdefiziten und Fehleinschätzungen mündet die erreichte Bildung der Migranten nicht immer in adäquate Berufspositionen.

Dank dem hohen sozioökonomischen Status haben sich die Befragten im öffentlichen Raum (berufliche Position) strukturell sehr gut integriert. Im privaten Raum (soziale und identifikative Integration) zeigten sich andere Ergebnisse (Hybrid-Akkulturationsstrategien). Zwar haben die Befragten am Arbeitsplatz einen regelmäßigen Kontakt zu Einheimischen, aber nur einige pflegen die Kontakte im privaten Raum. Die befragten Migranten werden eher am Arbeitsplatz (Mediziner) als Konkurrenten angesehen.

Die Bewertung der Akkulturationsstrategien zeigte, dass die hohe Bildung zwar einerseits sehr entscheidend für die Anpassung in der Aufnahmegesellschaft ist, andererseits aber nicht ausreichend. Andere Faktoren, wie Sprachkenntnisse, Aufenthaltsdauer und Bleibeabsichten, spielen eine wichtige Rolle für den Ablauf der Akkulturation. Es ist wichtig, alle relevanten Variablen (Bildung, Sprachkenntnisse, Aufenthaltsdauer und Bleibeabsichten) gleichzeitig in die Bewertung von Akkulturationsstrategie heranzuziehen, um genauerer Ergebnisse zu erzielen.

Der Faktor Aufenthaltsdauer zeigte einen Effekt in der Form, dass die Befragten mit einer längeren Aufenthaltsdauer sowohl die Integration bzw. Individualisierung als Akkulturationsstrategie präferieren als auch ihre kulturelle Identität verändern. Die befragten Personen, die bis zu fünf Jahren in Deutschland leben, identifizieren sich stärker mit ihrer Herkunftskultur als Personen, die schon länger hier leben.

Die Ergebnisse weisen auch auf die Tatsache hin, dass die Wahl der Akkulturationsstrategie von Deutschkenntnissen abhängt. Die Befragten, die ihre Deutschkenntnisse als schwach eingestuft haben, präferierten Separation, hingegen die Befragten mit sehr guten Deutschkenntnissen eher Integration bzw. Individualisierung als Akkulturationsstrategie. Die Sprache ermöglicht einer Person, seine Erwartungen zu artikulieren und sich dadurch mit seiner Umwelt zu verständigen. Die Beherrschung der deutschen Sprache zeigt sich als ein wichtiges Instrumentarium, welches die Akkulturation und Existenzsicherung fördert und zur Bewältigung des Lebens in der Migration elementar notwendig ist. Denn die Erlangung der sprachlichen Kompetenzen in der Migration bedeutet, dass man allmählich auch die verlorene Kontrolle über das eigene Leben zurückgewinnen kann, was auch eine Erhöhung des Selbstwertgefühls ermöglicht und mit einer Verminderung der Unsicherheit und Angst einher- geht. Sprache ermöglicht auch Individualisierung, da dadurch ein selbstständiger, von der Mehrheits- wie Minderheitsgesellschaft unabhängiger Lebenswandel ermöglicht wird.

Einfluss auf den Ablauf der Akkulturation haben unter anderem auch individuelle Voraussetzungen und Ressourcen des Migranten. So spielt es in diesem Zusammenhang eine erhebliche Rolle, wenn Migranten für Förderungen der neuen Umwelt offen sind, was voraussetzt, dass man als Reaktion auf veränderte Rahmenbedingungen im Alltag der Migration neue Kompetenzen entwickelt.

Wie aus den Fallbeispielen deutlich wurde, ist die vorgestellte Akkulturationstheorie von J. W. Berry eine sehr gute Hilfe um Strukturen aufzudecken, als Ausgangslage für den Aufbau von Forschungen oder um bekanntes Wissen einzuordnen. Sie hilft Zusammenhänge sichtbar zu machen und zu verstehen.

Des Weiteren wurde bestätigt, dass es sinnvoller sei, die einzelnen Gruppen von Migranten voneinander getrennt zu betrachten, denn der Akkulturationsprozess verläuft anders z.B. für einen ausländischen Studenten, der einen begrenzten, kurzfristigen Verbleib im Aufnahmeland plant, als bei einem Aussiedler, der mit seiner Familie ein neues Leben in der Kultur seiner Vorfahrten anstrebt.

Doch die hier zur Debatte stehenden Fälle von Befragten zeigen, dass das Akkulturationsmodell von Berry nur bedingt auf die Hochqualifizierten tschechischer Herkunft übertragen werden kann. Die befragten Hochqualifizierten wählen auch Akkulturationsstrategien, die laut Berryscher Theorie als negativ gelten, die aber laut Ergebnissen keinen negativen Einfluss auf das Empfinden der Befragten oder auf ihr Leben in Deutschland haben. Den Ergebnissen liegt es nahe, dass es insbesondere MigrantInnen mit einem höheren sozioökonomischen Status sind, denen die Eingliederung in der Emigration, entweder unter Beibehaltung von Beziehungen (auch beruflich) zum Herkunftsland bzw. auch zu anderen Ländern, oder unter völliger Aufgabe jeglicher kulturellen Identität, zu gelingen scheint. Sie sind in transnationale Netzwerke eingebettet. Sie brechen auch nach der Migration in Deutschland ihre alten Beziehungen nicht ab (dies gilt für alle Befragten), sondern sind im Gegenteil in transnationalen sowohl beruflich als auch privaten Feldern aktiv, d.h. Migration bringt Netzwerke hervor, die weit über nationalstaatliche Grenze hinausreichen.[280] Die Verringerung der Gebundenheit an einen Standort ist unter anderem auch durch die geographische Nähe der beiden Ländern (Tschechien und Deutschland) und den gewaltigen technischen Fortschritt der Transportmöglichkeiten und in der Kommunikation bedingt. Dieser Typus des sogenannten *Transmigranten* ist in den Sozialwissenschaften nicht völlig neu[281], er gewinnt aber stets eine immer größere Bedeutung.

Roth/Kreutzer[282] bezeichnen TransmigrantInnen als GrenzgängerInnen zwischen dem Herkunfts- und Gastland, zwischen den Kulturen. Sie seien in beiden zugleich zu Hause und zu Gast und könnten sich aus diesem Dilemma nur durch die Annahme einer eigenen transnationalen Identität retten.[283]

Auch meine Ergebnisse zeigen unter anderem, dass der Akkulturationsprozess sehr wohl, unabhängig ob in Richtung Integration, Assimilation, Separation oder Marginalisation, zu einer „neuen" (hybriden) Identität führen kann.

Dementsprechend soll der Integrationsbegriff neu im Kontext einer globalisierten Welt definiert werden, die sich durch Verbindungen auszeichnet, die über nationalstaatliche Grenzen hinweg gehen. Der Integrationsbegriff sollte demnach grundsätzlich auf eine transnationale Dimension hin erweitert werden.

Repräsentativität

Trotz der qualitativ aussagekräftigen Ergebnisse ist die Untersuchung nicht ohne weiteres auf andere Berufsgruppen oder Migranten aus anderen Herkunftsländern übertragbar, d.h. generalisierbar. Es ist eine Querschnittstudie, die die langfristigen Folgen des Akkulturationsprozesses nicht erfassen kann. Da für die Untersuchung nur Hochqualifizierte tschechischer Her-

---

[280] Vgl. Pries, Ludger: Die Transnationalisierung der sozialen Welt, Suhrkamp, Frankfurt am Main 2008.
[281] Vgl. Pries, Ludger: Neue Migration im transnationalen Raum, In: Transnationale Migration, Baden-Baden 1997, S. 15.
[282] Vgl. Roth, Silke/Kreutzer, Florian (Hrsg.): Transnationale Karrieren. Biographien, Lebensführung und Mobilität, VS Verlag, Wiesbaden 2006.
[283] Ebda., S. 17.

kunft mit einem medizinischen Abschluss gewählt wurden, ist keine generelle Verallgemeinerung auf hochqualifizierte Migranten anderer Berufsbereiche sowie verschiedener Herkunft möglich. Als Weiterführung dieser Untersuchung wäre es interessant, das Forschungskonzept mit demselben Leitfaden, aber einem neuen Sampling aus Teilnehmern zunächst tschechischer Herkunft mit hohem Ausbildungsgrad aus verschiedenen Bereichen durchzuführen. Die Ergebnisse könnten dann mit den Resultaten dieser Untersuchung verglichen werden, um festzustellen, ob diese generalisierbar sind.

6. Anhang

INTERVIEWLEITFADEN FÜR DIE HOCHQUALIFIZIERTEN TSCHECHISCHER HERKUNFT

MIGRATION UND AKKULTURATION

Teil I : Soziodemographische Daten

1. Name:
2. Geburtsdatum:
3. Geschlecht:
4. Beruf: vor der Migration:
   nach der Migration:
5. Aufenthaltsdauer

Teil II : Migration

1. Welche Gründe waren für Ihren Entschluss, in Deutschland zu arbeiten, entscheidend?

2. Sind Sie alleine gekommen?

3. Welche Erwartungen hatten Sie von der Migration?

4. Welche Bedenken?

5. Womit haben Sie angefangen? (Wohnungssuche, Arbeitssuche)

6. Wenn Sie jetzt zurückblicken, können Sie mir bitte erzählen, wie war ihr Leben vor der Migration, in Tschechien. Was haben sie beruflich gemacht, was sind Ihre Eltern von Beruf usw.

Akzeptanz- und Ausgrenzungserfahrung

1. Glauben Sie, dass sie aufgrund Ihrer Herkunft resp. Staatsangehörigkeit benachteiligt werden? (im Beruf, andere Situationen)

2. Akzeptanz und Ablehnungserfahrungen im Berufsleben: Denken Sie, dass die Herkunft bei Ihrer Arbeitsplatzsuche eine Rolle spielte?

3. Haben Sie das Gefühl, dass aufgrund Ihrer Herkunft die Notwendigkeit besteht, sich durch Mehrarbeit (mehr leisten zu müssen) gegenüber Stereotypen des deutschen Umfeldes (Kollegen, Patienten usw.) durchzusetzen?

Teil III: Akkulturation

Identifikation

1. Wie waren Ihre allgemeine Situation am Anfang in Deutschland? Und Ihr Befinden?

2. Fühlen Sie sich jetzt in Deutschland „zu Hause"?
3. Haben Sie Heimweh?

4. Bitte denken Sie an das Wort „Heimat". Was ist heute für Sie Ihre Heimat? Geben Sie bitte einen Ort an, der für Sie als Heimat gilt (z.B. eine Stadt oder ein Land):

5. Wie ist Ihre Selbstwahrnehmung – nehmen Sie sich als Deutsche/r oder eher als Tsche-che/in wahr?

6. Leben Sie nach den Traditionen deutscher oder Ihrer Herkunftskultur? Fühlen Sie sich mit der Herkunftskultur oder eher mit der Kultur des Aufnahmelandes verbunden? Wie stark fühlen Sie sich mit tschechischer oder deutscher Kultur verbunden?

7. Sind Sie der Meinung, dass Sie Ihre eigenen kulturellen Werte beibehalten sollen? Oder ist es wichtig die kulturellen Werte der Deutschen zu übernehmen?

8. Kennen Sie den Begriff Migrant? Was verstehen Sie darunter?
Hat jemand Sie schon so bezeichnet?
Sind Sie mit dem Begriff Integration vertraut? Fühlen Sie sich integriert? Möchten Sie sich weiter integrieren?

Mediennutzung und Freizeitaktivitäten

1. Interessieren Sie sich für Nachrichten/Informationen aus Deutschland, aus Tschechien?

2. Welche Medien nutzen Sie am meisten? In welcher Sprache – Tschechisch oder Deutsch?

3. Was unternehmen Sie in Ihrer Freizeit?

Sprachkenntnisse

1. Wo haben Sie Deutsch gelernt?

2. Wie bewerten Sie Ihre Deutschkenntnisse?

3. Wie gut waren Ihre Deutschkenntnisse, als Sie nach Deutschland gezogen sind?

4. Denken Sie, dass Ihre Deutschkenntnisse für das Leben in Deutschland ausreichen sind?

5. Sprechen Sie eher Deutsch oder Tschechisch?

6. Welche Sprache sprechen Sie meistens zu Hause?

7. In welcher Sprache denken Sie nach?

Soziale Kontakte, Interaktion

a) persönliche Beziehungen

1. Haben Sie Kontakte und/oder Freundschaften mit Deutschen? Wenn ja, welcher Art sind diese Kontakte? Wenn nein, warum nicht?
2. Finden Sie es wichtig den Kontakt zu Deutschen zu haben? Warum?
3. Haben Sie Kontakte zu Personen aus Tschechien? Haben Sie Kontakte zu Personen mit anderer Herkunft?
4. Bestehen Kontakte zum Herkunftsland (gibt es Besuche im Herkunftsland und Besuche aus dem Herkunftsland)? Wenn ja, welcher Art sind sie (privat, geschäftlich)? Wenn nicht, warum nicht?
5. Wie fühlen Sie sich, wenn Sie nach Tschechien fahren?

b) Familiäre Beziehungen

1. Sind Sie verheiratet oder ledig? Kinder?
2. Sind Sie mit einer Person, die die Staatsangehörigkeit des Herkunfts-, des Aufnahme- oder eines anderen Landes besitzt?
3. Können Sie sich vorstellen, eine(n) nicht Tschechen(in) zu heiraten?

Positionierung

a) wirtschaftliche Teilhabe

1. Welche berufliche Position haben Sie derzeit (Selbständig, Angestellter usw.)?
2. Wie haben Sie Ihren derzeitigen Arbeitsplatz gefunden?
3. War das Finden mit Schwierigkeiten verbunden? Wenn ja, welcher Art?
    Gab es Probleme mit der Arbeitserlaubnis oder Ihrer Titelanerkennung?
4. Ist die Anstellung stabil oder droht Entlassung bzw. ist der Arbeitsvertrag befristet?
5. Wie zufrieden sind Sie mit Ihrem beruflichen Leben in Deutschland?
6. Ist die Bezahlung vergleichbar mit derjenigen von Nicht-Einwanderern? Und im Vergleich zur Tschechien?
7. Entspricht derzeitiger Beruf Ihren fachlichen Kenntnissen und Ihrer Qualifikation?
8. Wie lässt sich Ihr derzeitiger Arbeitsplatz charakterisieren?
Wie sind die Arbeitsbedingungen?
Im Vergleich zu Tschechien?
Ist Ihre Nationalität beim Arbeitsplatz von Vorteil oder Nachteil?

b) politische Teilhabe

1. Welche Art des Aufenthaltstitels haben Sie?

2. Wenn Sie die Möglichkeit hätten, würden Sie sich einbürgern lassen? Warum? Wenn nicht, was spricht dagegen?

Teil IV: Zukunftspläne

1. Wie zufrieden sind Sie insgesamt gesehen mit dem Leben, das Sie heute führen?

2. Wie lange planen Sie in Deutschland zu bleiben? Wovon hängt es ab?

3. Verbinden Sie Ihre Zukunftspläne mit Tschechien oder mit Deutschland?

4. Denken Sie an eine mögliche Rückkehr in das Herkunftsland? Was hält Sie davon ab?

5. Was würde Sie dazu bringen, Deutschland früher zu verlassen als sie geplant haben?

6. Sind Sie der Meinung, dass Ihr Herkunftsland sich genug bemüht, die Hochqualifizierten zurückzuholen?

7. Abschließend würde ich gerne noch einmal resümieren, woher Sie die Stärke genommen haben, diesen Weg zu gehen? Was hat Ihnen persönlich besonders geholfen?

7. Literaturverzeichnis:

Alba, Richard/Nee, Victor: Assimilation und Einwanderung in den USA, In: Bade, Klaus J./Bommes, Michael (Hrsg.): Migration – Integration – Bildung. Grundfragen und Problembereiche, IMIS-Beiträge, Osnabrück 2004, H. 23, S. 21–40.

Badawia, Tarek: Der Dritte Stuhl. Eine Grounded Theory-Studie zum kreativen Umgang bildungserfolgreicher Immigrantenjugendlicher mit kultureller Differenz, Frankfurt a.M. 2002.

Bade, Klaus J.: Migration – Ethnizität - Konflikt. Systemfragen und Fallstudien, Universitätsverlag, Osnabrück 1996.
- Europa in Bewegung: Migration vom späten 18. Jahrhundert bis zur Gegenwart, Beck, München 2002.

Bauder, Harald: „Brain abuse", or the devaluation of immigrant labour in Canada, Antipode, 35. Jg. (2003), S. 699-717.

Baur, Nina/Korte, Hermann/Löw, Martina/Schröer, Markus: Handbuch Soziologie, Wiesbaden 2008.

Beaverstock, Jonathan V.: Revisiting High-Waged Labor-Market Demand in the Global Cities-British Professional and Managerial Workers in New-York-City, In: International Journal of Urban and Regional Research, 20. Jg. (1996), S. 422-445.

Beck, Ulrich: Kosmopolitisierung ohne Kosmopolitik: Zehn Thesen zum Unterschied zwischen Kosmopolitismus in Philosophie und Sozialwissenschaft, In: Berking, Helmut (Hrsg.): Die Macht des Lokalen in einer Welt ohne Grenzen, Campus-Verlag, Frankfurt am Main 2006, S. 253-270.

Behrensen, Birgit/Westphal, Manuela: Berufliche erfolgreiche Migrantinnen. Rekonstruktion ihrer Wege und Handlungsstrategien; Expertise im Rahmen des Nationalen Integrationsplans, Osnabrück, IMIS-Beiträge 2009.

Behrensen, Birgit/Groß, Verena: Auf dem Weg in ein normales Leben? Eine Analyse der gesundheitlichen Situation von Asylsuchenden in der Region Osnabrück: Forschungsergebnisse des Teilprojekts Regionalanalyse im Rahmen der EQUAL-Entwicklungspartnerschaft Sprache und Kultur: Grundlagen für eine effektive Gesundheitsversorgung, Osnabrück 2004.

Berry, John W.: Acculturation as varieties of adaptation, In: Padilla, Amado M. (Hrsg.): Acculturation: Theory, models and some new findings, Colorado: Westview 1980, S. 9-25.

Berry, John W. et al.: Acculturation Attitudes in Plural Societis. Applied Psychology: An International Review, 38. Jg. (1989), S. 185-206.
- Psychologie of Acculturation: Understanding Individuals moving between Cultures, In: Brislin, Richard W. (Hrsg.): Applied cross-cultural psychology, Thousand Oak: Sage 1990, S. 232-253.

Berry, John W. et al. (Hrsg.): Cross-cultural psychology: Research and applications. Cambridge: Cambridge University Press 1992.

Berry, J. W.: Acculturation and Psychological Adaption, In: Bade, Klaus J. (Hrsg.): Migration – Ethnizität – Konflikt. Systemfragen und Fallstudien, Universitätsverlag, Osnabrück 1996, S. 171-186.

Berry, John W./Sam, David L.: Acculturation and adaption, In: Berry John W./Segall Marshall H./Kagitçibasi Cigdem (Hrsg.): Handbook of cross-cultural psychology: Vol. 3. Social behaviour and applications, Boston: Allyn & Bacon 1997, S. 291-326.

Berry, John W.: Immigration, acculturation and adaptation. Applied Psychology: An International Review, 46. Jg. (1997), H. 1, S. 5-68.
- A psychology of immigration, Journal of Social Issues, 57. Jg. (2001), S. 615-631.

Bilden, Helga: Das Individuum - ein dynamisches System vielfältiger Teil-Selbste, In: Keupp, Heiner/Höfer, Renate (Hrsg.): Identitätsarbeit heute. Klassische und aktuelle Perspektiven der Identitätsforschung, Frankfurt a. M.: Suhrkamp 1997, S. 227-249.

Bilsborrow, Richard E.: The state of the art, In: Bilsborrow, Richard E. (Hrsg.): Migration, urbanisation, and development: New directions and issues. Norwell, Dordrecht: Kluwer 1998, S. 1-58.

Birman, Dina: Acculturation and human diversity in a multicultural society, In: Trickett, Edison J./ Watts, Roderic J./Birman, Dina (Hrsg.): Human diversity. Perspectives on people in context, San Francisco: Jossey-Bass 1994, S. 261-284.

Borjas, George J.: Assimilation, changes in cohort Quality, and the Earnings of Immigrants, In: Journal of Labor Economics, Vol. 3, 1985.

Bourhis, Richard Y. et al.: Immigration und Multikulturalismus in Kanada: Die Entwicklung eines interaktiven Akkulturationsmodells, In: Mummendey, Amelie/Simon, Bernd (Hrsg.): Identität und Verschiedenheit. Zur Sozialpsychologie der Identität in komplexen Gesellschaften, Bern, Göttigen, Toronto, Seattle: Huber 1997, S. 63-109.

Brieskorn, Norbert: Menschenrechte: eine historisch-philosophische Grundlegung, Kohlhammer, Stuttgart/Berlin/Köln 1997.

Butterwegge, Christoph/Hentges, Gudrun: Zuwanderung im Zeichen der Globalisierung. Migrations-, Integrations- und Minderheitenpolitik, Wiesbaden 2009.

Camilleri, Carmel/Malewska-Peyre, Hanna: Socialization and identity strategies, In: John W. Berry et al. (Hrsg.): Handbook of cross-cultural psychology, Vol. 2, Boston: Allyn & Bacon 1997, S. 41-67.

Castles, Stephen/Miller, Mark J.: The Age of Migration: International Population Movements in the Modern World. (fourth revised edition) Basingstoke and New York: Palgrave-Macmillan and Guilford Books 2009.

Chies, Laura: Das Migrationsproblem in der Europäischen Gemeinschaft: theoretische und empirische Analyse der Bestimmungsfaktoren und Folgen internationaler Arbeitskräftewanderungen, Frankfurt am Main 1994.

Danckwortt, Dieter: Probleme der Anpassung an eine fremde Kultur – eine sozialpsychologische Analyse der Auslandsausbildung, Carl-Duisberg-Gesellschaft für Nachwuchsförderung e.V., Köln 1959.

Delhey, Jan: Osteuropa zwischen Marx und Markt. Soziale Ungleichheit und soziales Bewusstsein nach dem Kommunismus, Hamburg: Krämer 2001.

Eisenstadt, Shmuel Noah: The absorption of immigrants. London: Routledge & Kegan Paul Ltd 1954.

Engelmann, Bettina/Müller, Martina: Brain Waste. Die Anerkennung von ausländischen Qualifikationen in Deutschland, Augsburg 2007.

Esser, Hartmut: Aspekte der Wanderungssoziologie: Assimilation und Integration von Wanderern, ethnischen Gruppen und Minderheiten. Eine handlungstheoretische Analyse. Darmstadt: Hermann Luchterhand Verlag 1980.
- Die Entstehung ethnischer Konflikte, In: Hradil, Stefan (Hrsg.): Differenz und Integration. Verhandlungen des 28. Kongresses der Deutschen Gesellschaft für Soziologie in Dresden 1996, Frankfurt, New-York 1997, S. 876-894.
- Soziologie. Spezielle Grundlagen: Die Konstruktion der Gesellschaft (Bd. 2). Frankfurt a. M.: Campus-Verlag 2000.
- Integration und das Problem der multikulturellen Gesellschaft, In: Mehrländer, Ursula/Schultze, Günther (Hrsg.): Einwanderungsland Deutschland: neue Wege nachhaltiger Integration, Bonn: Dietz 2001.
- Assimilation, ethnische Schichtung oder selektive Akkulturation? Neuere Theorien der Eingliederung von Migranten und das Modell der intergenerationalen Integration, Kölner Zeitschrift für Soziologie und Sozialpsychologie, Sonderheft 48/2008, S. 81-107.

Findlay, Allan M./Garrick, Lesley: Scottish Emigration in the 1980s: a Migration Channels Approach to the Study of Skilled Intenational Migation, In: Transactions of the Institute of British Geographers (NS) 1990, S. 177-192.

Fischer, Peter A./Straubhaar, Thomas: Ökonomische Integration und Migration in einem Gemeinsamen Markt: 40 Jahre Erfahrung im Nördischen Arbeitsmarkt, Bern 1994.

Flick, Uwe: Qualitative Sozialforschung. Eine Einführung, Reinbeck bei Hamburg 2007.
- Wissenschaftstheorie und das Verhältnis von qualitativer und quantitativer Forschung, In: Mikos, Lothar/Wegener, Claudia (Hrsg.): Qualitative Medienforschung. Ein Handbuch, Konstanz 2005, S. 20-21

Fox, William F./Herzog, Henry W./Schlottmann, Alan M.: Metropolitan Fiscal Structure and Migration, In: Journal of Regional Science, 29. Jg. (1989), S. 523-536.

Frable, Deborah E. S.: Gender, racial, ethnic, sexual, and class identities, In: Annual Review of Psychology, 48. Jg. (1997), S. 139-162.

Friedrich H. Tenbruck: Die kulturellen Grundlagen der Gesellschaft. Der Fall der Moderne, Westdeutscher Verlag GmbH, Opladen 1989.

Geißler, Reiner/Pöttker, Horst (Hrsg.): Mediale Integration von Migranten. Ein Problemaufriss, In: Integration durch Massenmedien. Mass Media-Integration. Bielefeld 2006, S. 18-22.

Genov, Nikolai: Labour for Sale in the Globalmarket, In: Savvidis, Tessa (Hrsg.): International Migration. Local Conditions and Effects, Osteuropa-Institut der FU-Berlin Heft 3/2009, S. 10-25.

Goffman, Erving: Stigma. Über Techniken der Bewältigung beschädigter Identität, Frankfurt a. M.: Suhrkamp 1967.

Gogolin, Ingrid/Nauck, Bernhard (Hrsg.): Migration, gesellschaftliche Diffenzierung und Bildung, Opladen: Leske und Budrich 2000.

Gordon, Milton M.: Assimilation in American Life. The Role of Race, Religion and National Origins. New York: Oxford University Press 1964.

Graves, Theodore D.: Psychological acculturation in a triethnic community. South Western Journal of Anthropology, 23. Jg. (1967), S. 337-350.

Grotz, Peter: Die Vertreibung: Böhmen als Lehrstück, München 2003.

Gruber, Sabine/Rüßler, Harald: Hochqualifiziert und arbeitslos. Jüdische Kontingentflüchtlinge in Nordhein-Westfalen. Problemaspekte ihrer beruflichen Integration. Eine empirische Studie, Opladen: Leske und Budrich 2002.

Hahn, Heinz: Kulturunterschiede. Interdisziplinäre Konzepte zu kollektiven Identitäten und Mentalitäten, Frankfurt/Main 1999.

Hamburger, Franz: Identität und interkulturelle Erziehung, In: Gogolin, Ingrid et al. (Hrsg.): Pluralität und Bildung, Opladen: Leske und Budrich 1998, S. 127-147.
- Migration und Bildung. Über das Verhältnis von Anerkennung und Zumutung in der Einwanderungsgesellschaft, Wiesbaden 2008.

Han, Petrus: Soziologie der Migration, Lucius & Lucius, Stuttgart 2000.

Haug, Sonja: Working Papers 2/2005: Jüdische Zuwanderer in Deutschland. Ein Überblick über den Stand der Forschung, Nürnberg 2005.

Heckmann, Friedrich: Ethnische Minderheiten, Volk und Nation, Enke, Stuttgart 1992.

Herzog, Walter: Die Schule und die Pluralität ihrer Kulturen. Für eine Neufassung des pädagogischen Kulturbegriffs, In: Zeitschrift für Erziehungswissenschaft, 2. Jg. (1999), S. 229-246.

Hiebert, Daniel: Local Geographies of Labor Market Segmentation: Montreal, Toronto and Vancouver, in: Economic Geographer, 75. Jg. (1999), S. 339-369.

Hillmann, Felicitas/Rudolph, Hedwig: Via Baltica. Die Rolle westlicher Fach- und Führungskräfte im Transformationsprozess Lettlands, WZB Discussion Paper FS 198-106, Berlin 1998.

Hoffmann, Dagmar: Identitätsverlust und Identitätsgewinn über mediale Welten verschiedener Kulturen. Bielefeld 2006.

Hofstede, Geert: Culture`s consequences. International differences in work-related values, Bewerly Hills 1984.
- Interkulturelle Zusammenarbeit. Kulturen, Organisationen, Management, Wiesbaden 1993.
- **Hofstede, Geert/Hofstede, Geert Jan:** Lokales Denken, globales Handeln. Interkulturelle Zusammenarbeit und globales Management, München 2006.

Hold, Melanie: Interkulturelles Management. Diplomarbeit, Wien 2008.

Horenczyk, Gabriel/Ben-Shalom, Uzi: Multicultural identities and adaptation of young immigrants in Israel, In: Shimahara, N. Ken/Holowinsky, Ivan Z./Tomlinson-Clarke, Saundra (Hrsg.): Ethnicity, race, and nationality in education. A global perspective, London: Lawrence Erlbaum 2001, S. 57-80.

Hutnik, Nimmi: Ethnic minority identity. A social psychological perspective. Oxford: Clarendon Press 1991.

International Organization for Migration (IOM): International Migration Law. Glossary on Migration. Genf: IOM 2000, 2004.

Isajiw, Wsevolod W.: Ethnic-Identity Retention, In: Breton, Raymond et al. (Hrsg.): Ethnic Identity and Equality: Varieties of Experience in a Canadian city, Toronto 1990, S. 34-91.

Jäger, Cordula: Akkulturation auf der Ebene des Verhaltens: Die Anwendung der Theorie des geplanten Verhaltens zur Vorhersage unterschiedlicher Akkulturationsmuster am Beispiel von russischen Aussiedlern und russisch-jüdischen Zuwanderern in Deutschland und Israel. Dissertation
vorgelegt dem Fachbereich Humanwissenschaften der Universität Osnabrück 2005.

Juchler, Jakob: Ende des Sozialismus, Triumph des Kapitalismus? Eine vergleichende Studie moderner Gesellschaftssysteme, Zürich: Seismo Verlag 1992.

Kalter, Frank: Migration und Integration. Kölner Zetschrift für Soziologie und Sozialpsychologie Sonderheft 48/2008, Wiesbaden 2008.

Keuneke, Sussane: Qualitatives Interview, In: Mikos, Lothar/Wegener, Claudia (Hrsg.): Qualitative Medienforschung. Ein Handbuch. UVK Verlagsgesellschaft. Konstanz 2005, S. 254-267.

Koschmal, Walter/Nekula, Marek/ Rogall, Joachim: Deutsche und Tschechen. Geschichte – Kultur – Politik. München 2001.

Krappmann, Lothar: Soziologische Dimensionen der Identität, Stuttgart: Enke 1971.

Krotz, Stefan: Die Eine Welt und die vielen Kulturen, In: Brieskorn, Norbert (Hrsg.): Globale Solidarität. Die verschiedenen Kulturen und die eine Welt, Stuttgart: Kohlhammer 1997, S. 47-62.

Kluckhohn, Florence R./Strodtbeck, Fred L.: Variations in value orientations, Evanston 1961.

Kunz-Makarova, Elena: Multikulturelle Identität – Notwendigkeit und Chance. Bern: Universität Bern, Institut für Pädagogik, Abteilung Pädagogische Psychologie 2002.

Kühne, Peter/ Rüßler, Harald: Die Lebensverhältnisse der Flüchtlinge in Deutschland, Frankfurt/New York 2000.

LaFromboise, Teresa et al. (Hrsg.): Psychological Impact of Biculturalism: Evidence and Theory. Psychological Bulletin 114. Jg. (1993), H. 3, S. 395-412.

Lazarus, Richard S.: Acculturation Isn't Everything, In: Applied Psychology 46. Jg. (1997), H. 1, S. 39-43.

Lazarus, Richard S./Folkman, Susan: Stress, appraisal, and coping, New York: Springer 1984.

Liebkind, Karmela: Acculturation and stress: Vietnamese refugees in Finland, In: Journal of Cross - Cultural Psychology, 27. Jg. (1996), S. 161-180.

Lutter, Christina/Reisenleitner, Markus: Cultural Studies. Eine Einführung, Wien: Turia & Kant 1998.

Mahroum, Sami: Highly Skilled Globetrotters – Mapping the International Migration of Human-Capital. R & D Management 30. Jg. (2000), H. 1, S. 23 31.

Maur, Dagmar: Welche Zielgruppe werden vom Akademikerprogramm gefördert?, in: OBS (Hrsg.): Qualifizierte Zuwanderinnen und Zuwanderer erfolgreich integrieren. Das Akademikerprogramm der Otto Benecke Stiftung, St. Augustin 2005, S. 5-24.

Mayring, Phillip A. E.: Einführung in die qualitative Sozialforschung. Psychologie Verlags Union, Weinheim 2002.
  - Qualitative Inhaltsanalyse. Grundlagen und Techniken. Beltz Verlag, 8. Auflage (1. Auflage 1983), Beltz, UTB, Weinheim 2003.

Mecheril, Paul/Bales, Stefan: Über Zusammenhänge zwischen multikultureller und postmoderner Identität, In: Systeme, 8/2, Jg. (1994), S. 37-54
  - **Mecheril, Paul:** Prekäre Verhältnisse über natioethnokulturelle (Mehrfach-)Zugehörigkeit, Münster: Waxmann 2003.

Meierewert, Sylvia: Tschechische Kulturstandards aus der Sicht österreichischer Manager, In: Fink, Gerhard/Meierewert, Sylvia (Hrsg.): Interkulturelles Management – Österreichische Perspektiven; Springer Verlag; Wien, New York 2001, S. 97-109.

Meinhardt, Rolf (Hrsg.): Hochschule und hochqualifizierte MigrantInnen – bildungspolitische Konzepte zur Integration in den Arbeitsmarkt, Oldenburg 2006.

Mielke, Rosemarie: Lerntheoretische Persönlichkeitskonstrukte, In: Amelang, Manfred (Hrsg.): Temperaments- und Persönlichkeitsmerkmale. Enzyklopädie der Psychologie. Differentielle Psychologie und Persönlichkeitsforschung, Band 3., Göttingen: Hogrefe 2001, S. 185-222.

Mikos, Lothar/Wegener, Claudia (Hrsg.): Qualitative Medienforschung. Ein Handbuch. UVK Verlagsgesellschaft, Konstanz 2005.

Mummendey, Amelie/Simon, Bernd (Hrsg.): Identität und Verschiedenheit. Zur Sozialpsychologie der Identität in komplexen Gesellschaften, Bern, Göttigen, Toronto, Seattle: Huber 1997.

Nauck, Bernhard: Eltern-Kind-Beziehungen in Migrantenfamilien- ein Vergleich zwischen griechischen, italienischen, türkischen und vietnamesischen Familien in Deutschland, In: Bundesministerium für Familie, Frauen und Jugend (Hrsg.): Expertisen zum sechsten Familienbericht, Band 1: Familien ausländischer Herkunft in Deutschland. Empirische Beiträge zur Familienentwicklung und Akkulturation, Opladen: Leske + Budrich 2000, S. 347-392.

Nauck, Bernhard: Akkulturation: Theoretische Ansätze und Perspektiven in Psychologie und Soziologie, In: Kalter, Frank (Hrsg.): Migration und Integration, Kölner Zeitschrift für Soziologie und Sozialpsychologie, Sonderheft 48, Wiesbaden 2008, S. 108-134.

Nauck, Bernhard/Schönpflug, Ute (Hrsg.): Familien in verschiedenen Kulturen, Stuttgart: Enke 1997.

Nohl, Arnd-Michael/Schittenhelm, Karin/Weiß, Anja (Hrsg.): Kulturelles Kapital in der Migration. Hochqualifizierte Einwanderer und Einwanderinnen auf dem Arbeitsmarkt, Wiesbaden 2010.

Nuscheler, Franz: Internationale Migration, Flucht und Asyl, 2. Auflage, Wiesbaden 2004.
- Globalisierung und ihre Folgen: Gerät die Welt in Bewegung?, In: Butterwegge, Christoph/Hentges, Gudrun (Hrsg.): Zuwanderung im Zeichen der Globalisierung. Migrations-, Integrations- und Minderheitenpolitik, Wiesbaden 2009, S. 23-37.

Oberbichler, Petra: Über Kultur und Kulturbegriff. Kulturbegriff in klassischen und modernen Kulturtheorien, Eine theoretische Reise durch Definitionen des Kulturbegriffs. Diplomarbeit, Wien 2002.

OECD: The Measurement of Scientific and Technological Activities, Manual on the Measurement of Human Resources Devoted to S&T ("Canberra Manual"), OECD, Paris 1995.

OECD: International Migration Outlook: SOPEMI 2006 Edition, OECD, Paris 2006.

OECD: Creating Value from Intellectual Assets, OECD Policy Brief, OECD, Paris 2007a.

OECD: Trends in International Migration Flows and Stocks 1975-2005, OECD, Paris 2007b.

OECD: The Global Competition for Talent: Mobility of the highly skilled, OECD, Paris 2008.

Ofner, Ulrike Selma: Akademikerinnen türkischer Herkunft: Narrative Interviews mit Frauen aus zugewanderten Familien, Berlin: Weißensee-Verlag 2003.

Park, Robert E.: The Nature of Race Relation, In: Park, R. E., Race und Culture, Glencoe, III., Jg. 1950, S. 81-116.

Phinney, Jean S.: Ethnic identity in adolescents and adults: Review of research, In: Psychological Bulletin, 108. Jg. (1990), S. 499-514.

Phinney, Jean S./Horenczyk, Gabriel/Liebkind, Karmela/Vedder, Paul (Hrsg.): Ethnic identity, immigration, and well-being: An interactional perspective. Journal of Social Issues, 57. Jg. (2001), H. 3, S. 493-510.

Piontkowski, Ursula/Florack, Arndt/Hoelker, Paul/Obdrzalek, Peter: Predicting acculturation attitudes of dominant and non-dominant groups, In: International Journal of Intercultural Relations, 24. Jg. (2000), S. 1–26.

Ponterotto, Joseph G./Park-Taylor, Jennie: Racial and ethnic identity theory, measurement and research in counseling psychology: Present status and future directions, In: Journal of Counseling Psychology, 54. Jg. (2007), S. 282-294.

Pries, Ludger (Hrsg.): Transnationale Migration (Soziale Welt, Sonderband 12). Baden-Baden: Nomos 1997.
 - Die Transnationalisierung der sozialen Welt, Suhrkamp, Frankfurt am Main 2008.

Przyborski, Aglaja: Qualitative Sozialforschung: ein Arbeitsbuch, korrigierte Auflage, München, Oldenburg 2010.

Radice von Wogau, Janine/Eimmermacher, Hanna/Lanfranchi, Andrea (Hrsg): Therapie und Beratung von Migranten. Systemisch-interkulturell denken und handeln. 1. Aufl., Beltz Verlag Weinheim 2004.

Redfield, Robert/ Linton, Ralph/Herskovits, Melville J.: Memorandum for the study of acculturation. American Anthropologist, 38. Jg. 1936, S. 149-152.

Roth, Silke/Kreutzer, Florian (Hrsg.): Transnationale Karrieren. Biographien, Lebensführung und Mobilität, VS Verlag, Wiesbaden 2006.

Roysircar Sodowsky, G. et al.: Ethnic Identity of Asians in the United States, In: Ponterotto, Joseph G. et al (Hrsg.): Handbook of multicultural counselling, Thousand Oak: Sage 1995, S. 123-154.

Römhild, Regina: Globalisierte Heimaten, In: Burmeister, Hans-Peter (Hrsg.): Die eine und die andere Kultur. Interkulturalität als Programm. 46. Loccumer Kulturpolitisches Kolloquium. Rehburg-Loccum 2003, S. 41-52.

Savvidis, Tessa (Hrsg.): International Migration. Local Conditions and Effects, Osteuropa-Institut der FU-Berlin, Heft 3/2009.

Schmitz, Paul: Immigrant mental and physical health. Psychology and developing societies, 4, 1992, S. 117-131.

Schönpflug, Ute: Migration aus kulturvergleichender psychologischer Perspektive. In: Thomas, Alexander; Kulturvegleichende Psychologie, Göttingen 2003, S. 515-537.
- **Schönpflug, Ute/Phalet, Karen:** Migration und Akkulturation, In: Trommsdorff, Gisela/ Kornadt, Hans Joachim (Hrsg.): Anwendungsfelder der kulturvergleichenden Psychologie, Göttingen: Hogrefe 2007, S. 1-47.

Schroll-Machl, Sylvia: Busineskontakte zwischen Deutschen und Tschechen: Kulturunterschiede in der Wirtschaftszusammenarbeit, Sternenfels: Wissenschaft und Praxis, Verlag Wissenschaft & Praxis 2001.
- **Schroll-Machl, Sylvia/Kinast, Eva Ulrike.:** Ansätze für eine Strategie interkulturellen Handelns. Fehlende oder unklare Strategien für das interkulturelle Handeln gefährden den Erfolg von Entsendungen und Kooperationen, In: Personalführung 11/ 2002, S. 32-39
- **Schroll-Machl, Sylvia/Novy, Ivan:** Perfekt geplant und genial improvisiert? Kulturunterschiede in der deutsch-tschechischen Zusammenarbeit. Mering: Hampp 2005.

Silbereisen, Rainer K./Lantermann Ernst D./Schmitt-Rodermund, Eva (Hrsg.): Aussiedler in Deutschland. Akkulturation von Persönlichkeit und Verhalten, Opladen, 1999.

Straub, Jürgen/Thomas, Andreas: Positionen, Ziele und Entwicklungslinien der Kulturvergleichenden Psychologie, In: Thomas, Andreas (Hrsg.), Kulturvergleichende Psychologie, 2. Aufl., Göttingen: Hogrefe 2003, S. 29-80.

Steinke, Ines: Güterkriterien qualitativer Forschung, In: Flick, Uwe/Kardorff, Ernst von/Steinke, Ines (Hrsg.): Qualitative Forschung. Ein Handbuch, Reinbek bei Hamburg 2003, S. 319-331.

Straubhaar, Thomas: Migration im 21. Jahrhundert: von der Bedrohung zur Rettung sozialer Marktwirtschaften?, Tübingen: Mohr Siebeck 2002.

Thomas, Alexander: Kulturstandards in der internationalen Begegnung. Saarbrücken, 1991.
- Psychologie interkulturellen Handelns. Hogrefe, Göttingen 1996.
- Kultur als Orientierungssystem und Kulturstandards als Bauteile, In: Institut für Migrationsforschung und Interkulturelle Studien der Universität Osnabrück 1999, H. 10, S. 91–190.

Thorn, Kristian/ Holm-Nielsen, Lauritz B.: International Mobility of Researchers and Scientists, Research Paper 83/2006.

Treibel, Anette: Migration in modernen Gesellschaften. Soziale Folgen von Einwanderung, Gastarbeit und Flucht, Weinheim, München: Juventa 2003.
- Migration, In: Baur, Nina/ Hermann Korte/ Martina Löw/ Markus Schroer (Hrsg.): Handbuch Soziologie. Wiesbaden: VS Verlag für Sozialwissenschaften 2008, S. 295-317.

Triandis, Harry C.: Theoretical and methodological approaches to the study of collectivism and individualism, In: Kim, Uichol/Triandis, Harry C. et al (Hrsg.): Individualism and collectivism, Thousand Oaks, CA: Sage 1994, S. 41-51.

Trommsdorff, Gisela: Internationale Kultur? Kulturpsychologische Aspekte der Globalisierung, In: Gogolin, Ingrid/Nauck, Bernhard (Hrsg.): Migration, gesellschaftliche Diffenzierung und Bildung, Opladen: Leske und Budrich 2000, S. 387-414.

UN: International Migration Report 2002. New York 2003: UN

Van Dick, Rolf et al: Einstellungen zur Akkulturation: Erste Evaluation eines Fragebogens an sechs deutschen Stichproben. Gruppendynamik, 28. Jg. (1997), S. 83-92.

Velling, Johannes: Immigration und Arbeitsmarkt. Eine empirische Analyse für die Bundesrepublik Deutschland, Baden-Baden 1997.

Vester, Heinz Günter: Mentalitätsforschung in Deutschland – ein mentales Problem. Kommentar, Kritik und Perspektiven zum Forschungsgegenstand, In: Hahn, Heinz (Hrsg.): Kulturunterschiede. Interdisziplinäre Konzepte zu kollektiven Identitäten und Mentalitäten, Frankfurt am Main 1999.

Wagner, Ulrich: Interethnic relations in a (non) immigrant country: The case of Germany, In: Ben-Ari, Rachel/Rich, Yisrael (Hrsg.): Understanding and treating diversity in education: An international perspective, Ramat Gan: Barllan University Press 1997, S. 331-345.

Wagner, Ulrich/Zick, Andreas: Ausländerfeindlichkeit, Vorurteile und diskriminierendes Verhalten, In: Bierhoff, Hans-Werner/Wagner, Ulrich (Hrsg.): Aggression und Gewalt, Stuttgart: Kohlhammer 1998, S. 145-164.

Ward, Collen/Bochner, Stephen/Furnham, Adrian: The psychology of culture shock. 2. Aufl. Hove, UK: Routledge 2001.

Weber, Wolfgang/Festing, Marion/Dowling, Peter J./Schuler, Randall S.: Internationales Personalmanagement, 2. Aufl., Wiesbaden: Gabler 2001.

Weiß, Anja: Die Erfahrung rechtlicher Exklusion. Hochqualifizierte MigrantInnen und das Ausländerrecht, In: Nohl, Arndt-Michael et al. (Hrsg.): Kulturelles Kapital in der Migration. Hochqualifizierte Einwanderer und Einwanderinnen auf dem Arbeitsmarkt, Wiesbaden 2010, S. 123-137.

Winkelmann, Rainer/Kunze, Astrid/Locher, Lilo/Ward, Melanie: Die Nachfrage nach internationalen hochqualifizierten Beschäftigten, IZA Research Report No. 4, Bonn 2001.

Witzel, Andreas: Verfahren der qualitativen Sozialforschung. Überblick und Alternativen, Frankfurt: Campus-Verlag 1982.

Wolburg, Martin: On Brain Drain, Brain Gain and Brain Exchange within Europe, HWWA Studies of the Hamburg Institute of International Economics, No. 61; Baden-Baden 2001.

Wolter, Achim: Globalisierung der Beschäftigung. Multinationale Unternehmen als Kanal der Wanderung Hochqualifizierter innerhalb Europas, Baden-Baden 1997.

Worrell, Frank C./Gardner-Kitt, Donna L.: The relationship between racial and ethnic identity in black adolescents: The cross racial identity scale and the multigroup ethnic identity measure. Identity: An International Journal of Theory and Research, 6. Jg. (2006), S. 293-315.

Zick, Anderas/Six, Bernd: Akkulturation: Psychische Determinanten und Realisation, In: Mandl, Heinz (Hrsg.): Wissen und Handeln, Bericht über den 40. Kongreß der Deutschen Gesellschaft für Psychologie in München 1996, Göttingen: Hogrefe 1997, S. 501-506.
- Stereotype und Akkulturation, In: Silbereisen, Reiner K. et al (Hrsg.): Aussiedler in Deutschland: Akkulturation von Persönlichkeit und Verhalten, Opladen: Leske + Budrich, 1999, S. 233-255.
- Akkulturation von Aussiedlern als sozialpsychologisches Phänomen: Modelle zur Vorhersage des Akkulturationsergebnisses, In: Silbereisen, Reiner K. et al (Hrgs.): Aussiedler in Deutschland: Akkulturation von Persönlichkeit und Verhalten, Opladen: Leske + Budrich 1999, S. 303-333.

Onlinequellen:

Brain-waste: Definition, In: http://www.gleiche-chancen.at/down/glossar.htm

Bundesinstitut für Bevölkerungsforschung: Ausländische Bevölkerung, In: http://www.bib-demografie.de/cln_090/nn_749852/SharedDocs/Glossareintraege/DE/A/auslaendische_bevoelkerung.html

Dr. med. Güntenberg, Klaus: Mehr Ärzte in Deutschland: Gibt es dennoch einen Ärztemangel? Ärztemangel und ärztliche Versorgung in Deutschland, In: Berliner Ärzteblatt (Rotes Blatt), 122. Jg., (2009), Heft 6, S. 13-16, In: www.dr-guenterberg.de/publikationen/0909/Aerztemangel-Langfassung.pdf

Esser, Hartmut: Integration und ethnische Schichtung, In: Arbeitspapiere- Mannheimer Zentrum
für Europäische Sozialforschung (Bd. 40). Mannheim 2001, S. 36, In: http://www.mzes.uni mannheim.de/publications/wp/wp-40.pdf

Frese, Michael zit. nach Rahrakhshan, Mohammad: Das psychische Befinden von iranischen Migranten in Deutschland. Zur Bedeutung des Attributions- und Bewältigungsstils bei der Auseinandersetzung mit akkulturativem Stress, Dissertationsarbeit an der Universität Hamburg 2007, S. 174, In: ediss.sub.uni hamburg.de/volltexte/2007/3314/pdf/Dissertation.pdf

Kontingentflüchtlinge, In: http://www.aufenthaltstitel.de/stichwort/konti.html

Landesärztekammer: Ärzte/innen aus Tschechischer Republik, In:
http://www.baek.de/page.asp?his=0.3.8175.8184

Martin, Quido, Projektarbeit an der Universität Biclefeld 2007, S.29f. http://www.uni-bielefcld.de/(de)/soz/iw/projekte/projekteabgeschlossen.html

Nohl, Arnd-Michael: Jenseits der Green Card. Potenziale hochqualifizierter Migrantinnen und Migranten in Deutschland, S. 5f, in: http://www.loccum.de/material/staat/greencard/nohl.pdf

Schütze, Fritz: Biographieforschung und narratives Interview, in: Neue Praxis, 13. Jg. (1983), H. 3, S. 283-293, In: http://www.ssoar.info/ssoar/files/2009/950/schuetze biographieforschung_und_narratives_interview.pdf

Statistischer Bericht: Melderechtlich registrierte Ausländer im Land Berlin am 31.12.2010, S. 15, In: http://www.statistik-berlin-brandenburg.de/Publikationen/Stat_Berichte/2011/SB_A1-6_hj02-10_BE.pdf

Statistisches Bundesamt Deutschland: Ausländer: Deutschland, Stichtag, Geschlecht, Staaten der EU, In: http://offenedaten.de/package/destatis-statistik-12521

Statistisches Bundesamt Deutschland: Bevölkerung mit Migrationshintergrund, Ergebnisse des Mikrozensus 2005, Fachserie 1 Reihe 2.2. 2005, In: httppww.ec.destatis.de/csp/shop/sfg/bpm.html.cms.cBroker.cls?cmspath=struktur,vollanzeige.c sp&ID=1020313

Statistisches Bundesamt Deutschland: Bevölkerung und Erwerbstätigkeit. Ausländische Bevölkerung. Ergebnisse des Ausländerzentraltegisters 2010, S. 89, In: http://www.destatis.de

Statistisches Bundesamt Deutschland: Bevölkerung und Erwerbstätigkeit. Bevölkerung mit Migrationshintergrund. Ergebnisse des Mikrozensus 2009, S. 172, In: http://www.destatis.de

Statistisches Bundesamt Deutschland: MigrantInnen – Definition, In: http://www.destatis.de/jetspeed/portal/cms/Sites/destatis/Internet/DE/Content/Statistiken/Bevoelke-rung/MigrationIntegration/Migrationshintergrund/Begriffserlaeuterungen/Migranten__innen,templateId=renderPrint.psml

Stifterverband für die deutsche Wissenschaft (Hrsg.): Brain Drain – Brain Gain. Eine Untersuchung internationaler Berufskarrieren, durchgeführt von Bachaus, Beate/Ninke, Lars/Over, Albert, 2002, S. 20, in: www.ges-kassel.de/download/BrainDrain-BrainGain.pdf

Weiß, Anja: Kulturelles Kapital in der Migration. Ein Mehrebenenansatz zur empirisch-rekonstruktiven Analyse der Arbeitsmarktintegration hochqualifizierter MigrantInnen, In: Forum Qualitative Sozialforschung 7, (3), Art. 14, Special Issue on Qualitative Methods in Research on Migration 2006, In: http://www.qualitative-research.net/fqs-texte/3-06/06-3-14-d.htm

Witzel, Andreas: Das problemzentrierte Interview, In: Forum Qualitative Sozialforschung [Online Journal], 1 (1), 2000, In: http://qualitative-research.net/fqs/fqs.htm

Witzel, Andreas: Das problemzentrierte Interview, 2000, In: http://arbeitsblaetter.stangl-taller.at/FORSCHUNGSMETHODEN/ProblemzentriertInterview.shtml

www.aerzte-berlin.de

www.wikipedia.de

Zuwanderungsgesetz 2005, In: www.bmi.bund.de